國家古籍整理出版專項經費資助項目

傅山全書

清·傅山 著
尹協理 主編

第四册

山西出版傳媒集團
山西人民出版社

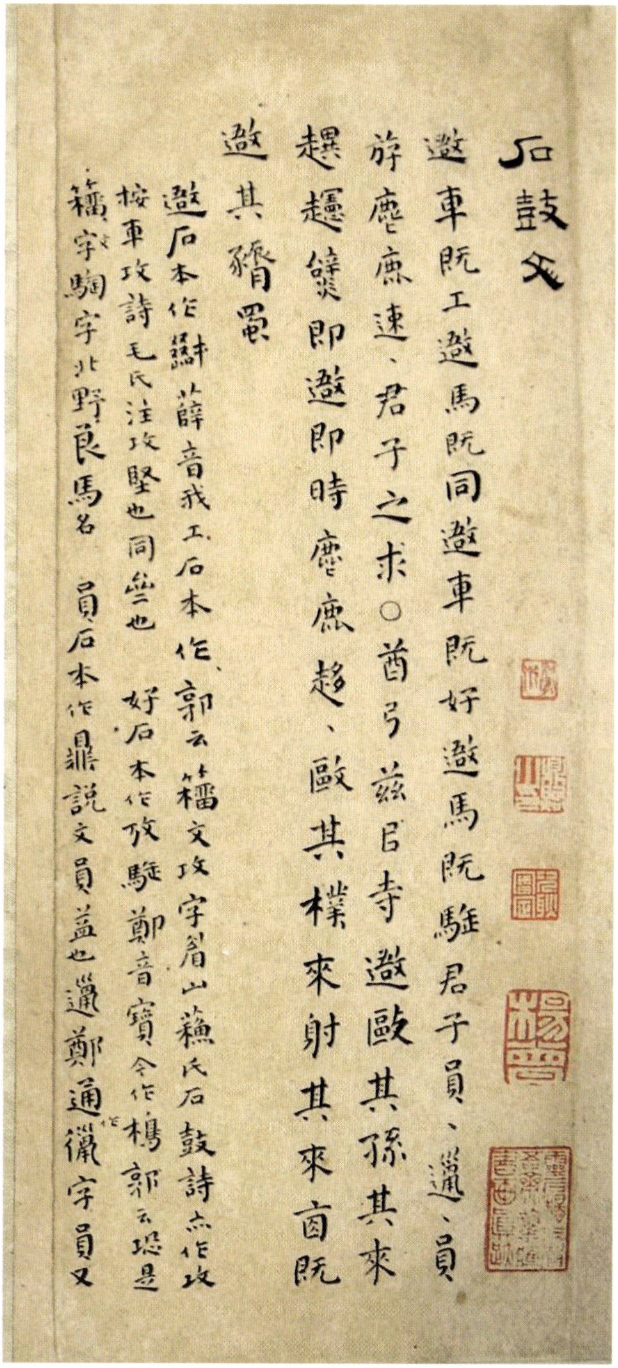

石鼓文

遾車既工遾馬既同遾車既好遾馬既駐君子員、邋、員

斿麀鹿速、君子之求○酋弓茲㠯寺遾敺其孫其來

趩趩鐩即遾即時麀鹿趍、敺其樸來射其來亯既

遾其𩓗罝

遾石本作䛋薛音我工石本作、郭云籒文攻字眉山蘇氏石鼓詩亦作攻

按車攻詩毛氏注攻堅也同𠀤也　好石本作孜駐鄭音寶今作𩦂郭云騝是

𩦂、字駧字北野良馬名　員石本作鼎說文員益也邋鄭通作䲨字員又

傅山石鼓文集注手稿（寧波天一閣博物館藏）

吳人憐亟朝夕敬〇載西載北勿奄勿伏㝱而出〇〇獻〇〇〇〇〇〇〇大
祝〇〇䯧〇〇執寍逢中孔囿〇、麀鹿麌、邀其〇麀鹿𩞬天〇〇〇〇〇〇
求又〇〇〇〇〇〇是〇〇〇〇〇〇〇〇〇

王云吳通作虞鄭序曰吳人曰享社也享社必狩以獻鮮焉汧水出于吳山故漁于汧而狩于吳也施云其說恚未肰憐亦作憐
鄭云亟即亟字吳山即吳岳也漢地里志右扶風汧縣注吳山在西古文以為汧山汧水出西北入渭　䩞石本作ㄱ薛作敕字
鄭云即朝字載石本作䣊卤即西鄭云見魯彝　奄石本作𠩺鄭云見盉和鍾通作俺伏石本作ㄱ薛作戌鄭
作伏　㝱鄭云即㝱字或云即罪字碑已磨滅薛音之　獻薛作獻鄭作狩　䯧薛作高按碧落碑
高字同此鄭云今作享執薛作埶云埶与藝同鄭云亦作社即社字　𩞬文囿作圞　𩞬鄭云即
曈字見邾敔𢾪敦

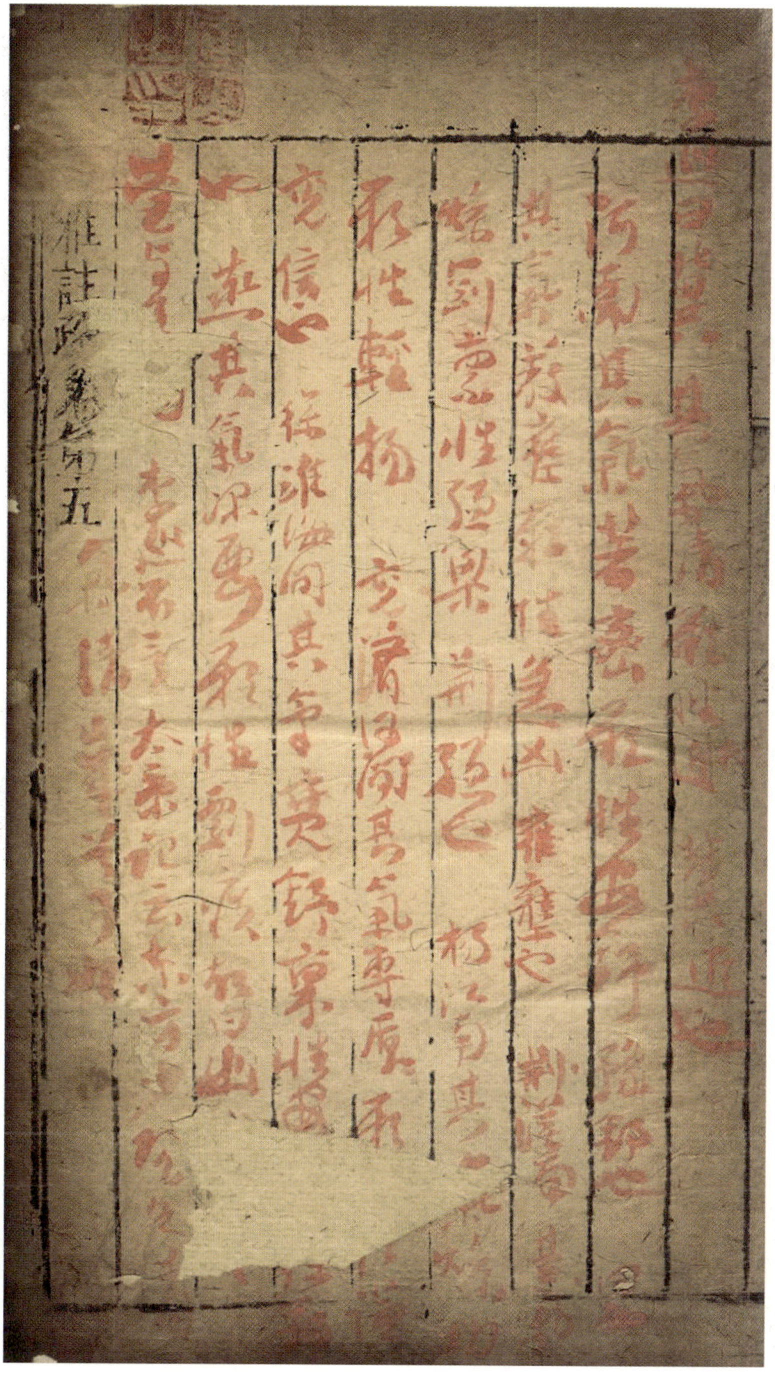

傅山爾雅注疏批注手稿（北京師範大學圖書館藏）

之落時（註）門持樞者或達北檼以爲固也　落時謂之
㕕（註）道二名也○柣千結切閾域楔古點切樞昌朱切椳於回切㕕巳圭（疏）此别門戶
上下及兩旁之木名也柣者孫炎云門限也經傳諸
註皆以閾爲門限謂門下横木爲内外之限也俗謂
之地柣一名閾曲禮云不踐閾是也楔者謂門兩旁長
木一名楔李巡曰棖謂梱上兩旁木禮記玉藻云君
入門介拂棖鄭箋云棖門楔楣即梁也呂伯雍云
門樞之横梁也郭云門戶上横梁鄉射記云堂則物
當楣是也樞者門扉開闔之所由也一名機易曰樞
機之發是也其持樞之木或達北檼以爲牢固者名
落時檼即棟也落時又名㕕
是持樞一木有此二名也
垝謂之坫（註）在堂隅坫端也　牆謂之墉（註）書曰既勤垣墉
鏝謂之杇（註）泥鏝　椹謂之榩（註）斫木櫍也　地謂之

今衍說文霄字下从雨肖聲 霰語 又無从雨八月聲之霰字見玉列一霓字云霰或从見

十七霰

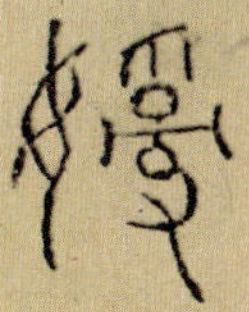

孌同說文引詩婉兮嫡兮順也

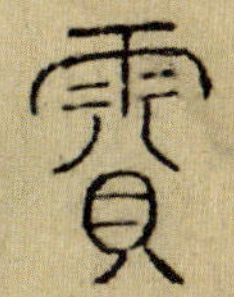

與霰同許氏曰雨霓為霄从雨八月聲齊語也

○愼按此字與霄不同霄从肖近天氣也二字大不同徐鉉誤以相邀切音之韻會諸書亦仍其誤今特正之

幷相從之貌莊子連幷無傷也劉辰翁曰連幷活絡也今俗語云活幷幷

西

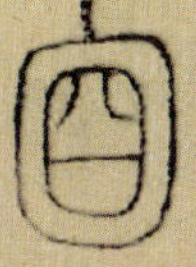

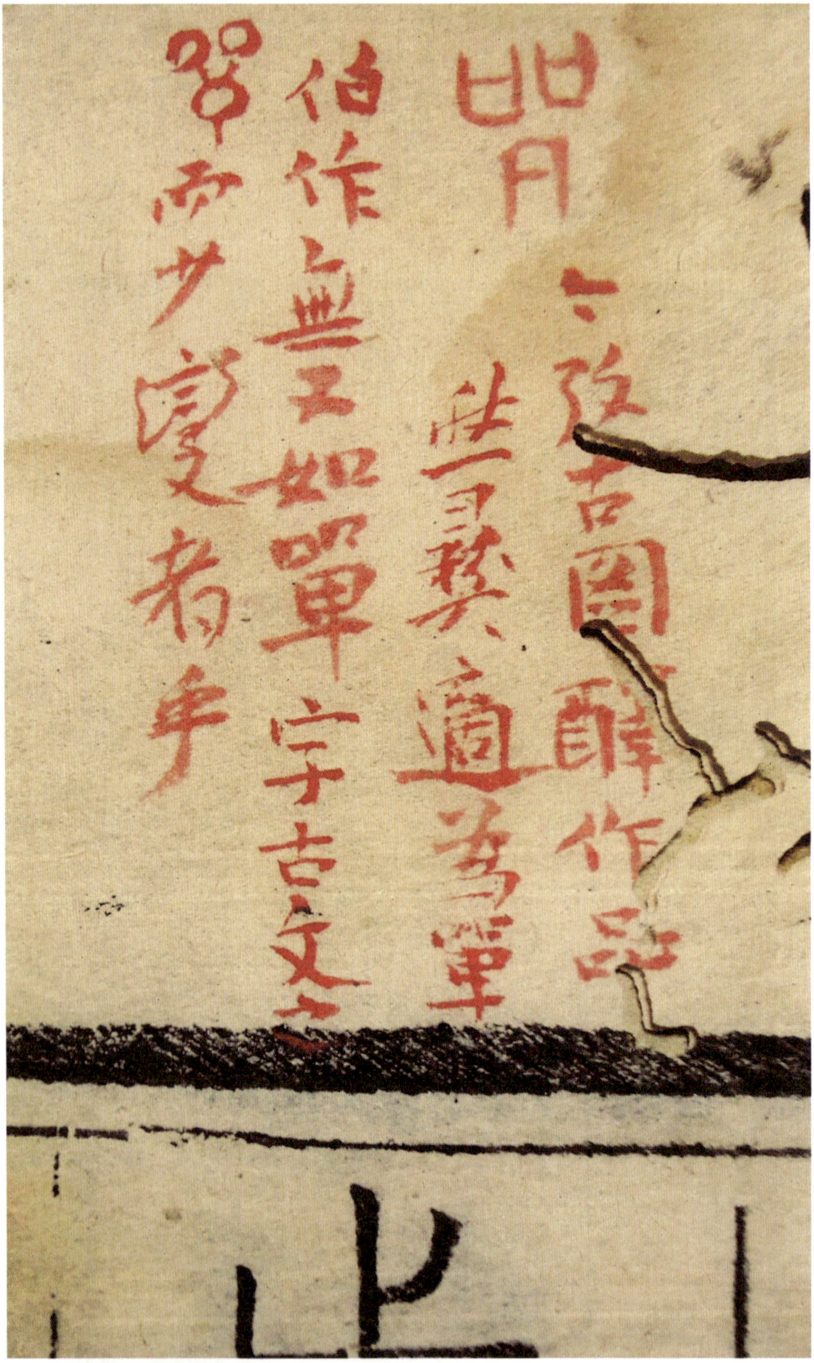

明月
伯作之無工如單字古文之
習而少變者乎

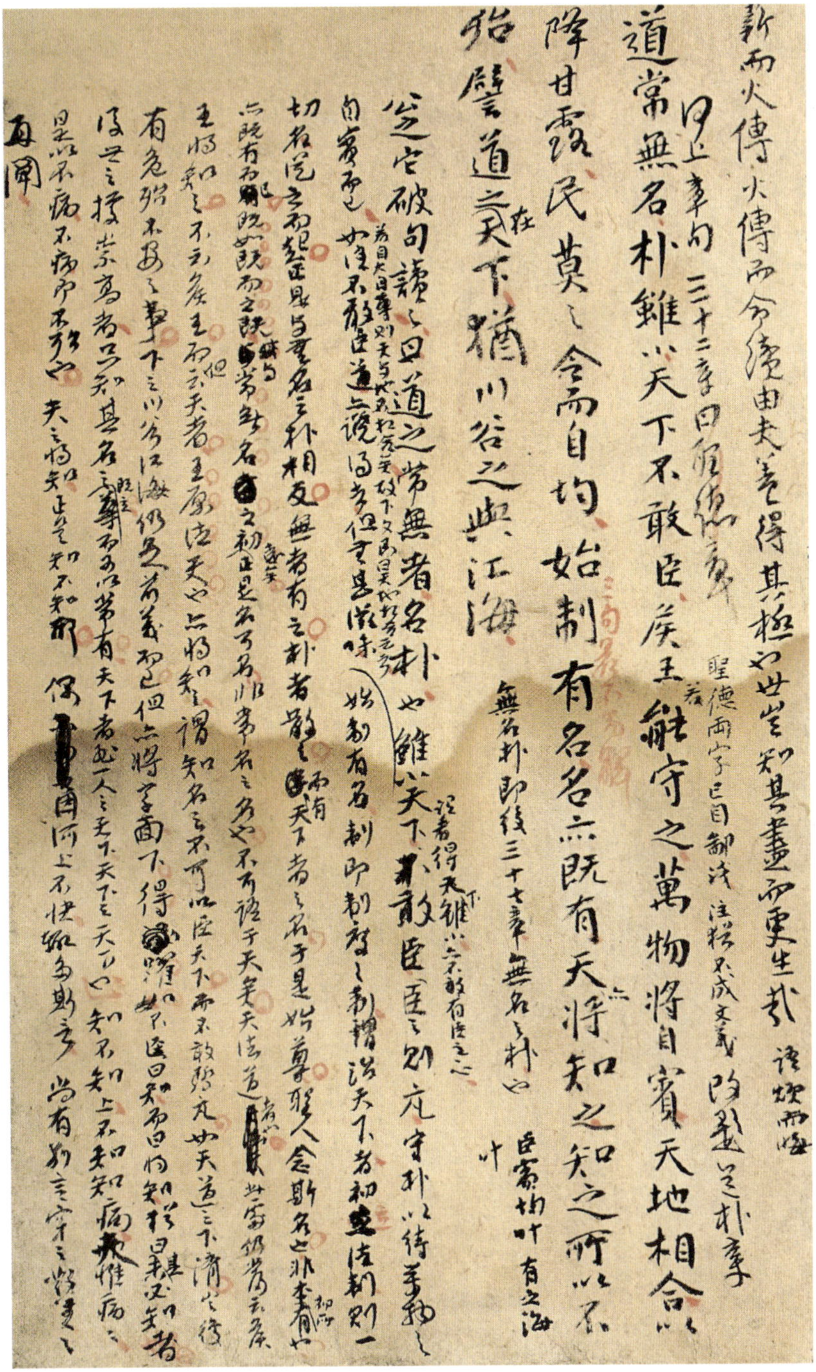

傅山老子解手稿
（山西博物院藏）

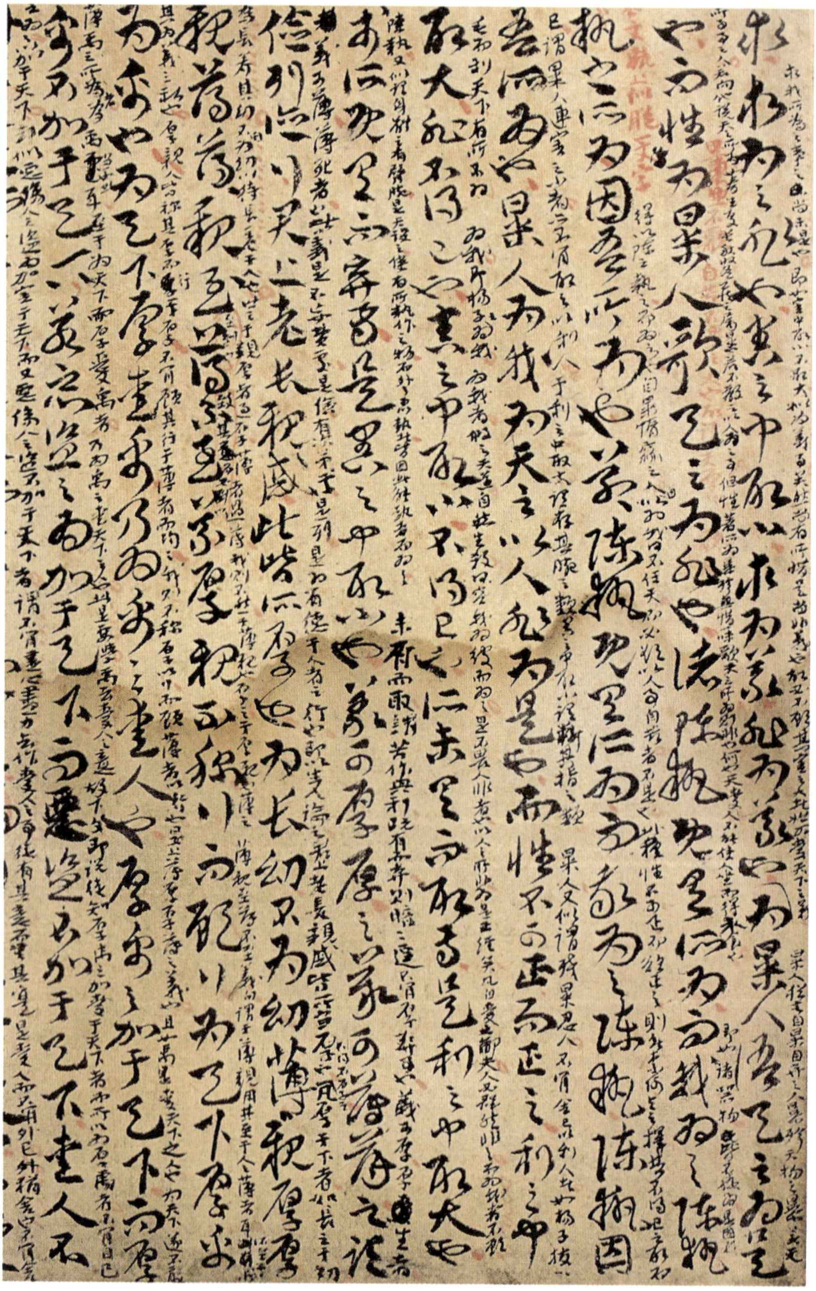

傅山墨子大取篇釋手稿（山西博物院藏）

第四册　目錄

卷四十七　石鼓文集注〔二〕

遨車既工遨馬既同遨車既好遨馬既駐君子員員邋邋員斿麀鹿速速君子之求□酋弓茲吕寺遨敺其孫其來趩𧽤鑀即遨即時麀鹿趍趍敺其樸來射其來囟既遨其𦟀蜀

遨，石本作𨒪，薛音我。工，石本作，郭云：「籀文攻字。」眉山蘇氏石鼓詩亦作「攻」。按：車攻詩毛氏注：「攻，堅也。同，齊也。」好，石本作「𢼸」。駐，鄭音寶，今作「鴇」。郭云：「恐是籀文騊字，北野良馬名。」員，石本作「鼎」，說文：「員，益也。」邋，鄭通作「獵」字，員又音負。君子，指從獵諸臣。員衆多而有禮儀也。邋邋，旌旗搖動皃，員斿，當讀作「員斿」，旌上贅旒，詩：「悠悠旆旌。」酋，石本作𠂤，郭云：「忈當作鹵。鹵弓，即史弓也。」薛作首，鄭作酋，周禮史弓，「利射侯與弋」。弓，薛作「及」。吕，古「以」字。寺，諸家皆作「時」。孫，薛、鄭皆作「孫」字，施云：「以碑本攷之，字雖磨滅，髣髴是『時』字耶。」趩，石本作「趩」。趩，田亦反。說文「行聲也」，亦曰「不行皃」。𧽤，施云：「薛、鄭本皆有此字，碑磨滅不可辨。」鑀，鄭云：「今作饙，未詳音義，石本有重文。」遨，鄭云：「今作敵，同禁禦之禦。」薛作「我」。趍，薛作「趍」，鄭作○，直雜文，並無重文。施本「敺其」句在「其來」之下，又連二字于上。遨，法云：「舊音我，疑非，與下『我』字不同。」來字，更有其字，下無「射」字。囟，薛作「首」，鄭云：「囟亦作逌，即直字。」施本

〔二〕此篇據寧波天一閣博物館藏手稿釋文，由高智整理。傅山全書初版本未收。標題爲編者所加。

無旣字。遬，音敵。施云：「王氏集諸家釋音，四字皆不著。」宿得於北方及葉氏本，下三字甚明，歧城石刻亦載。

汧殹沔沔丞敓淖淵鰋鯉處之君子溥之濿濿又𩵦其斿趱趱帛魚鱳鱳其盩氏鮮黃帛其鰟又鰟又鯿其豆孔庶𢒿之𩁹𩁹汪汪趣趣其魚隹可隹鱮隹鯉可以𣠧之隹楊及柳

王云：「汧，音牽，水名，出扶風汧縣，西北入渭。殹，即也，見詛楚文，下同。」郭云：「讀如繫，語助也。沔，籀韻作泛音。」鄭云：「沔，讀作綿，蓋用沔字平聲以叶韻。」丞，石本作「悪」。鄭云：「丞字見秦權。」郭云：「讀如蒸，進也。」詩：「南有嘉魚，丞然罩罩。」王肅云：「丞，衆也。」敓，石本作「[illegible]」，王云：「籀文皮字，借作被音。」文曰「丞被淖淵」，與尚書「導菏澤，被孟豬」之「被」同義。郭音「彼」。「淖淵，水之深處也。」鰋，鄭音「鰋」。處，鄭讀作「居」，蓋取叶韻。籀文「溥」从寸，今省作魚。鄭本「濿」，云即「漫」。以「萬」通「曼」。濿濿，水之瀰茫處也。又，通作「有」，籀文省，下同，見詛楚。𩵦，今作「鯊」，所加反。斿，今作「斿」，下同。趱，薛作「㪚」，鄭云：「趱即躐字，相千反。」帛，从帛从水，古文「泊」字，今省，水之淺處也，步各反，下同。鄭云：「鱳，音洛。」集韻云：「白色也。」薛作「鱳」。說文：「盧各反，魚名。」蕰，鄭云「蓋」，亦作「蕰」，讀同「俎豆」之「俎」。施云：「按說文，側余反，醢也。」氏，典禮反。按「鱳」即「鱳」字，音歷。的鱳，白，言泊中之魚鱳鱳然潔白，登之于俎，甚鮮也。黃帛，水濁而淺處，鄭云：「鰟，即鯾字，卑連反。」郭云：「㫷，即古卑字，从魚从卑，步佳反，魚名。」薛作鯿。鰟，鄭云：「今作鮒，音付。」郭云：「並乎反，今從專。」鄭云：「鮊，音白。」豆，石本作「胡」。郭云：「胡，今作肱，乞及反。」博疋：「朕，謂之肽。」鄭作「豆」字。羉，郭云：「擂文䜌字。」鄭云：「謨官反。」施：「罔也。」隻，舊注「田若反」。相如大人賦：「休隻」，奔走也。赶，郭云：「籀文洋字。」鄭云：「音汗，今作澣。」䞤，鄭云「博」，或云卽「遄」字。隹，通作「維」。可，通作「何」，下同。橐，說文：「符霄反。」鄭云：「與標同。舊文音□，眉山石鼓詩作『何以貫之』。」

田車既安鋚□勒馬□衆既簡左驂旛旛右驂騝騝邀以隂于原邀戎陣止世陕宮車其寫秀弓時射麋豕孔庶麀鹿雉兔其□又旃其□𣗥卣大□出各亞□□□杲□執而勿射□庶𧾱君子迺樂

按詩注：「輶車，田獵驅逆之車，取其輕捷也。」鋚，郭云：「大么反，轡首銅也。」廣韻：「音條，絧頭銅飾。」簡，選也。詩「騧驪是驂」，注：「驂，兩騑也，車駕四馬，在內兩馬曰服，在外兩馬曰騑。」郭云：「旛，方圓反，旌旗總名。旛旛，取其輕舉皃。」騝，居言反。尔疋：「騝，馬黃脊。」或云「紀偃反，壯健皃」。邀，讀作「我」。隂，升也。邍，古「原」，下同。施云：「鄭本戎字作我，下有『陣止』二字，今攷碑本，此闕，非有磨滅。『戎世』二字上下相承，不容有陣止二字于其間」。陕，鄭云：「今作陸。」施云：「又疑爲跌字。」薛作「陕」，籀文。宮車，輂車也，周禮：「輂車用于宮中。」秀，同綉。綉弓，戎弓也。穀梁傳「弓綉質」，戎弓秀其質，示武中有文，言田狩之時，宮車寫，而不用戎弓，時施于射。方言「發稅舍車」也，舍音「寫」。史記：「秦每破諸侯，寫放其宮室。」讀如「卸」，言所獲多品。又，是作「有」。旃，鄭云：「今作紳。」𣗥，鄭云：「今作奔，或作走。」鄭本有「卣」字，在「大」上，音「逌」，古「直」字也。亞，石本作「亞」，施云：「汗簡作亞；古孝經作悪。」杲，薛作「昇」字。鄭云：「疑即思字，碧落碑思作畀。」郭云：「恐是臭字，公老反，大白澤罬也。」趫，說文：「郎擊反，動也。」郭云：「走也。」鄭云：「同轢。」迺，石本作「逌」，薛作「迺」。郭、鄭云：「今作攸，所也。」漢地里志「酆水逌同」，五行志「彝倫逌叙」，皆古「攸」字。

□□鑾車峯敕眞□□弓孔碩彤矢□□□六馬其寫六轡騖騖迂駿孔庶廓冟搏搏，峀車載衎□徒如章邍溼陰陽趍趍六馬射之㹳迂如虎罬麀如□□□多賢迪禽□□遨兔允異

郭云：「人君乘車，四馬鑣，八鸞鈴，象鸞，鳥聲，从鸞从金省。」按經史，或作「鸞」。左傳「錫鸞和鈴」，詩「八鸞瑲瑲」是也。周禮「王乘玉輅以封」。峯，石本作「𡺳」。施云：「說文□骨反，疾也。」薛作「䓪」。鄭云：「即拜字，敕即峯字，並見義雲章。」眞，薛作「眞」字。鄭云：「即塡字，亦作鎮。」按詩「彤弓彤矢，天子以錫有功諸侯」，文侯之命及左傳寧武子所言「彤弓一、彤矢百」是也。毛氏注：「彤弓，朱弓也。」孔氏以「彤弓」爲周禮之「唐弓」。碩，大也。或曰：「碩，實也。」騖，鄭云：「五到反，讀若遇。」諸家本並「騖」上缺一字，無重文。迂，諸家本皆作「徒」字。駿，鄭云：「今作馭。」廓，薛作「廓」。鄭云：「亦作鄘，或云即廓字。」諸本「冟」今作「宣」，上缺一字。施云：「宿本並無重文。」峀，鄭云：「即酋字。」詩所謂「輶車鸞鑣」，田狩之車也。載，石本作□。衎，今作「道」字。溼，鄭云：「今作濕，通作隰。」徒，從也。徒從整布，如文章然。詩：「相其陰陽，度其隰邍。」鄭云：「趍即趣字，七走反。」詩「蹶維趣馬」。郭云：「㹳，籀文族，古作𤞞，小異。」鄭云：「㹳，與李商隱『族』字相近，疑即『族』字，借作『鏃』耳。」迂，今作「徐」。六馬，天子所駕也。趣趣然調和閑習，射則矢鏃之發，舒徐不迫，言皆合禮，有一發五豝之意。麀，諸本皆作「鹿」。嬰，猶「禽」，謂搏取之也。四方有不順王命者，禽芟而獸獮之，如虎搏鹿，不勞餘力，上章有「弓矢之錫」，得專征伐。迪，石本作[illegible]，鄭云：「今作狥。」兔，薛作「鹿」，鄭作「兔」。施云：「碑磨滅不可辨。」

□□漊漊霝雨□瀊迄湧盈渫滋君子卽涉馬□瀊汧殹洎洎淒淒□□舫舟西逮□□自鄜辻騕湯湯隹舟以衎或陰或陽极湥㠯戶□于水一方勿□□止其奔其敔□□其叓

漊，亦作淒，大田詩「有渰萋萋」。毛注：「萋萋，雲行皃。」施本「霝」上有「天」字。鄭云：「霝，亦零。」東山詩「零雨其濛」，又衛詩「靈雨既零」，毛注：「靈，善也。」瀊，今省作「流」。盈，石本作「盈」。薛同，作盈，止遙反。渫，鄭云：「今作渫，私列反。」滋，鄭云：「今作滋。」郭云「溼」。涉，石本作□，施云：「卽涉，見義雲章。」汧殹，見前，言：「君子乘馬，涉水而歸。汧水流泛，不可以涉。」舫，符望反，兩舟並也。西，石本作「囟」，薛作「恁」，鄭作「西」，云見尹彝。或作「由」。逮，鄭云卽「歸」，或作遏。鄜，薛、郭作「廓」，籀文，鄭作「鄠」，或作廊。湯，音「傷」，衆多皃。前言「乘馬以涉，水漲不可」，次言「並舟而逮」。极，薛作「枝」，鄭云：「卽楫字。」施云：「薛、鄭本㠯下有戶，碑本磨滅不可辨。于水一方，足上陰陽意也。」鄭云：「敔，今作禦。」施云：「叓，古文事。」

猷乍邍乍衛遄我嗣除帥㚒阪𦳢爲世里微𢿝逌罟𤔲柞棫其椒榕肅肅鳴亞箬其𦬺爲所斿𩦆盬衛旨樹合孫

籀文「乍」與「作」通。遄，石本作「[illegible]」，薛、郭作○，鄭作「遄」。嗣，鄭云：「今作治。」施云：「古文孝經治作𤔲，與此小異。」叚，被。㾓，音序，郭作「阪」。䒞，薛作「𦺈」，音莽。郭云：「恐是茻。茻，艸之相糾者。」鄭本作「䒞」，今省文作「莫」，或作「草」，未知孰是。世，石本𡗜，施云：「卌，三十也。」文曰「爲三十里」，以三十爲「卌」，書家謂之會意，佛書謂之合字，書「卉」，蘇合反，非「世」字也。𢧵，薛作「徵」，鄭云：「未詳音義。」逌，薛作「迺」，鄭作「攸」。罟，薛作「罟」，鄭云：「罟亦作罔。」𣡌，薛作栗，說文省作㮚。檝，鄭云：「亦作槳。」𣏗，說文：「讀作皓，方老反。」薛作「格」。庸，薛作「庸」。鄭云：「未詳音義，或云遘字。」諸本無重文。箬，石本作䉐。薛、郭作籀文「若」字。鄭作「箬」。雩，石本，薛作「華」，鄭云：「粤，亦作雩，況于反。」彝，薛作「憂」，鄭云：「今作蘷。」籃，郭作○，云：「籀文𥂕字，今省。」𠓛，薛、鄭音「合」。鄭云：「疑即畣字，音嚮。」施云：「碑本雖磨滅，上从『五』字尚可辨，非从『今』也。」又薛、鄭本下有「孫」字，今碑本無此字。

而師弓矢孔庶左驂滔滔是𢧐不具奪後具肝來其寫矢具來樂天子來嗣王始古我來

據文理，「而」字上當有缺文。施云：「鄭本『師』字下有『弓矢孔』三字，『左』字下有『驂』字，今碑本磨滅。」𢧐，薛、鄭本皆缺而不音。施云：「按說文『熾』字與此類。下同。」不具奪，施云：「薛本有礴字，缺音，碑本磨滅不可辨。」肝，石本作。薛作「肝」，音「吁」。矢，石本作「𥎦」，施云：「恐是小大二字。鐘鼎款識多此類。」薛作「尖」，鄭作「矢」。施云：「鄭本『子』下有『來』字。」

𢼸走騚騚馬藨哲若𢕌雉立其一之

騚，鄭音劑。鄭云：「藨，今省作薦。」若，石本作○，薛作「奔」。鄭云：「即若字，古諸字从此。」𢕌，石本作○。施云：「𢼸，說文與𢕌同。薛作放音，非也。」施、宿二本「一」下皆有「止」字，按此本作「之」字。

遬水衛既平既止喜𣪘鼎里天子永寍日隹丙申□□遬其用衛馬既申敕肅肅駕左驂騝騝騋騋扯女不䡾霧公謂天余及如周不余及

按文，「導」上缺一字。喜，石本作「」。鄭云：「即喜字。」薛作「嘉」。說文喜字如此寫。鼎，籀文「則」字。寍，同「寧」。大義言：「水既疏導，民可樹蓺，地可井則。天子之心，爲之安寧。」「喜樹」二字，未必連屬。施云：「宿本丙申下二字尚可辨，更俟攷之。」申，重也。敕，戒也。肅肅，施本作「康康」。駕，石本作「駱」。郭、鄭音「駕」。按文，「駕」上缺一字。騝，施云：「五到反。馬怒也。」騋，諸本無重文。鄭音「遫」。扯，石本作「𣪊」，施云：「說文識字與此相類。」薛、郭、鄭本並作「扯」字。郭云：「子一反，摘也。」鄭云：「疑即撻字，皆摹本誤也。」女，通作汝。郭云：「籀文翰从飛。」鄭音同。霧，薛作「霸」。郭云：「恐是籀文霾字。」鄭云：「即○○。」周，石本作「」。施云：「說文害字。」鄭云：「周，今省作周。」

吳人憐亟朝夕敬□載鹵載北勿奄勿伏𦉢而出□□獻□□□□□□大祝□□畐□□埶寍逢𠁁孔𦋺□

麀鹿麌麌遬□其□麀鹿𪊨天□□□□□求又□□□□□□是□□□□□□□□

王云：「吳，通作虞。」鄭序曰：吳人曰亨社也。亨社必狩以獻鮮焉。汧水出于吳山，故漁于汧而狩于吳也。施云：「其說恐未然。」慈，亦作「憐」。鄭云：「亟，卽亟字。」吳山卽吳岳也。」漢地里志：右扶風汧縣注：吳山在西。古文以爲汧山，汧水出，西北入渭。⿰𠦝俞，石本作〇，薛作「敕」字。鄭云：「卽朝字。」載，石本作軐。鹵卽「西」。鄭云：「見魯彝。」奄，石本作「宋」，鄭云：「見盄和鍾。通作俺。」伏，石本作〇，薛作「戊」，鄭作「伏」。⿱㞢十，鄭云卽「喦」字，或云卽「畢」字。碑已磨滅。薛音之。猒，薛作「獻」，鄭作「狩」。⿱亯羊，薛作「高」。按碧落碑，「高」字同此。鄭云：「今作享。」⿰木丮，薛作「埶」，云「埶與藝同」。鄭云：「亦作社，卽社字。」籀文「囿」作「⿴囗⿰困困」。⿰𨸏𤳳，鄭云：「卽疃字，見邾敢庬敦。」

卷四十八　爾雅注疏批注[一]

卷一

「初、哉、首、基、肇、祖、元、胎、俶、落、權輿，始也」條。墨筆眉批：「管子事語篇『不待權輿』，無此二字，而義迴別。」

「漢書藝文志云：『尸子二十篇。』註曰：『名佼，魯人，秦相，商君師之。鞅死，佼逃入蜀。』」墨筆眉批：「尸子。」

「案：尸子廣澤篇云：天、帝、後、皇、辟、公、弘、廓、閎、博、介、忳、夏、幠、蒙、晊、昄，皆大也。」硃筆眉批：「晊。」

「紹、胤、嗣、續、纂、緌、績、武、係，繼也。」墨筆眉批：「緌。」

「忥、謚、溢、蟄、慎、貉、謐、顗、頠、密、寧，靜也。」墨筆眉批：「『內經』『神顗』。謚，本從兮，從益者不同。」

「鶩、務、昏、暋，強也。」墨筆眉批：「昏。憫。」

「台、朕、賚、畀、卜、陽，予也。」硃筆眉批：「楚茨『卜爾百福』。」

[一] 此篇據北京師範大學圖書館藏傅山批點手稿釋文。批點底本爲明萬曆二十一年國子監刊本。由程仁桃整理。傅山全書初版本未收。

「劼、鞏、堅、篤、掔、虔、膠，固也。」墨筆旁批：「後有『掔』字，曰『厚也』。」又墨筆眉批：「掔。莊子：『黜嗜欲，掔好惡。』」

「暀暀、皇皇、藐藐、穆穆、休、嘉、珍、禕、懿、鑠，美也。」硃筆眉批：「美。」

「縠、悉、卒、泯、忽、滅、罄、空、畢、罊、殲、拔、殄，盡也。」註：「縠，今直語耳。忽然盡貌。今江東呼壓極爲罊，餘皆見詩。」又於「罄」字旁墨筆批：「罊。」

「壑、阬阬、滕、徵、隍、漮，虛也。」墨筆眉批：「獨此『阬』重一字。」

「痡、瘏、虺頹、玄黃、劬勞、咎、顇、瘽、瘉、鰥、戮、癙、癵、痒、疷、疵、閔、逐、疚、痗、瘥、痱、癉、瘵、瘼、癠，病也。」註：「虺頹、玄黃，皆人病之通名，而說者便謂之馬疾，失其義也。」墨筆眉批：「馬色難看，以毛蔽之也。所謂玄黃，不知何見。」又硃筆眉批：「不知如郭義『我馬』兩字置之何處？」

「逐者，衛風考槃云：『碩人之軸。』鄭箋云：『軸，病也。』『軸』與『逐』蓋今古字，郭氏未詳。」硃筆眉批：「『逐』與『軸』通。不然，即鄭箋『軸，病也』，亦覺未當。」

「儼、恪、祗、翼、諲、恭、欽、寅、熯，敬也。」墨筆眉批：「熯。」

「蟣，汔也。」墨筆眉批：「七發『所滌汔者』，注引爾疋：『蟣，汔也。』然音『許乞切』，正音『蓋』。」

「惇、祜、掔、仍、肶、埤、竺、腹，厚也。」墨筆眉批：「掔，前曰『固也』。」

「毗劉，暴樂也。」註：「毛傳云：『劉，爆爍而希也。』」硃筆眉批：「樂。」又墨筆尾批：「『爍』字是好字，此處則賴矣。」又墨筆眉批：「爆爍。」

「覭髳，茀离也。」註：「孫叔然字，別爲義，失矣。」墨筆眉批：「孫叔然，炎也。」

「又、亂、靖、神、弗、淈，治也。」墨筆眉批：「淈，汩。」

卷二

「憮、敉，撫也。」疏：「皆愛撫也。方言云：『東齊郊、陶之間謂愛曰憮。』」墨筆旁批：「多方曰：『亦越武王，率惟敉功。』」

「大誥云：『予翼以于敉，寧武圖功』之類是也。」墨筆於「予」旁批：「有十夫。」又墨筆尾批：「又曰：肆予曷敢不越卬敉，寧王大命。」

「滷、矜、鹹，苦也。」註：「滷，苦地也。」墨筆旁批：「管子『好食苦鹹』。」

「茹、虞，度也。」墨筆尾批：「『茹』若對『吐』，則難訓『度』。」

「愷悌，發也。」疏：「古文尚書以『弟』爲『圛』。圛，明也。」墨筆眉批：「尚書以『弟』爲『圛』。」又墨筆尾批：「豈『圛』是開明？」

「猷，圖也。猷，若也。」疏：「猷謂圖畫，又爲若。若，如也。周禮曰『以猷鬼神祇』者，春官『凡以神仕者，掌三辰之法，以猶鬼神示之居，辯其名物』是也。」墨筆眉批：「以神仕者。」又硃筆於「凡以神仕者」句旁批：「家宗人職。」又墨筆尾批：「後有圖形也。」

「畫，形也。」墨筆眉批：「畫。」又墨筆尾批：「前云『猷，圖也』，謂圖畫。」

「㓞，膠也。」疏：「齊魯青徐，自關而東，或曰『㓞』，或曰『㲖』。」墨筆尾批：「㲖無音。」

「孔，甚也。厥，其也。戛，禮也。」墨筆眉批：「戛。」

卷三

「子子孫孫引無極也。」墨筆眉批：「自『子子』以下皆韻語，凡七八句，注六叶。」

「既微且尰，骭瘍爲微，腫足爲尰。」墨筆眉批：「骭瘍爲微。」

「式微式微者，微乎微者也。」墨筆眉批：「微乎微。」

「緎，羔裘之縫也。」註：「縫飾羔皮之名。」疏：「孫炎云：『緎之爲界緎。』然則縫合羔羊皮爲裘，縫即皮之界緎，因名裘縫爲緎。故郭云：『縫飾羔皮之名。』」硃筆於注文旁批：「此注與『界緎』義尚遠。」

「凡曲者爲罶。」墨筆眉批：「『凡曲者爲罶』似不應在此。」

「男子謂姊妹之子爲出。女子謂晜弟之子爲姪，謂出之子爲離孫，謂姪之子爲歸孫。女子子之子爲外孫。女子同出，謂先生爲姒，後生爲娣。」硃筆眉批：「吾嘗疑姊姪之説，姊之同輩行，姪則小一輩行，豈有姊與姪而同爲一人之妻？妄者是何待人之不以禮乎？」

「庶母爲少姑，夫之兄爲兄公。」硃筆於「公」字旁批：「鐘。」又硃筆眉批：「公，鐘。」

「東齊之間，壻謂之倩。」硃筆眉批：「倩。」

卷四

「樞達，北方謂之落時。」註：「門持樞者，或達北檼以爲固也。」硃筆眉批：「檼。」

「落時謂之戺。」疏：「樞者門扉，開闔之所由也。」硃筆眉批：「『所由』二字上不醒快，的屬

『鏄』邪？窩耶？」又硃筆於『開闔之所由』旁批：「此還是鏄。」又墨筆眉批：「『落時戺』，又似今俗謂之『兔扈』者，『兔扈』兩字亦不知的當作何字。鄉語上『兔』字，眞眞一『兔』音；下『扈』字，又似『互』聲，又似『虎』聲，又似『胡』聲，皆口音也。」又硃筆尾批：「『北檼』但就向南之房說耳。檼，說文：『于靳切，棼也。』」

「垝謂之坫。」疏：「禮記明堂位云：『反坫，出尊，崇坫亢圭。』」硃筆眉批：「反坫，崇坫。」

「士冠禮云：『爵弁、皮弁、緇布冠，各一匴。』」硃筆眉批：「匴。」

「植謂之傳，傳謂之突。」硃筆尾批：「『傳』卽今『欀』也。」

「直不受檐，謂之交。」注：「謂五架屋際，椽不直上檐，交于檼上。」硃筆旁批：「注不明白。」疏：「若其椽直不上于檐者，名交，言相交於檼上也。」硃筆旁批：「疏又不明白。」

「檐謂之樀。」疏：「栭，一名楶，卽櫨也，皆謂斗栱也。」墨筆眉批：「『斗共』又作『鬬拱』。」

「容謂之防」條。硃筆眉批：「反正爲㺨，正欲其中，㺨不許中。」

「屋上薄謂之筄。」硃筆尾批：「『筄』卽今棧版之類。」

「兩階間謂之鄉。」註：「人居南鄉當階間。」硃筆於「居」旁批：「君。」又墨筆眉批：「魏都賦『階鬬』注引尔疋加一『門』字。」

「盎謂之缶」條。硃筆眉批：「丑上值弁星，似缶。丑上值斗建星，似簋。辰在木上值東井。」

「甌瓿謂之瓵」條。硃筆眉批：「瓬、瓬、甒、㼚、甄、甆、甀、甓、甂、瓶、瓺、甗、甎、甗、甈、甄、甂、題。」

「佩下之帶名褑。」硃筆改「下」字爲「玉」。

「方言云：『褸謂之衽，又謂之袩。』註：『繡刺黼文以褗領。』方言云：『齊魯之郊謂之衻。』」硃筆眉批：「袩。褗。衻。」

「禮記玉藻云：『公侯前後方，大夫前方、後挫角，立前後正。』」硃筆改「立」字爲「士」。

「搏者，謂之糷。」硃筆眉批：「搏。」

「疏：『飯中有腥米者，名糪。』」硃筆眉批：「腥米。」

「以金者謂之銑，以蜃者謂之珧，以玉者謂之珪」條。墨筆眉批：「今之廣韻，『珪』作『鞋』。」

「郭云：『今錍箭是也。』」硃筆眉批：「錍。」

「方言云：『關西曰箭。』『箭鏃，胡合嬴者四鐮，或曰拘腸。三鐮者，謂之羊頭，其廣長而薄鐮，謂之錍，或謂之鈀（音葩）。其小而長、中穿二孔者，謂之錍鑪（淊慮二音），皆謂錍箭也。」硃筆眉批：「胡合嬴。拘腸。羊頭。鈀。淊鑪。」又硃筆根批：「淊，錍。」

「蓐謂之茲」條。硃筆眉批：「公羊注不及『茲』。疏則云：『負事繁多不曰蓐也。』」

卷五

「大磬謂之馨。」硃筆在書眉處畫了一個馨的形狀，並硃筆眉批：「此處象犂館。」

「大笙謂之巢，小者謂之和。」硃筆眉批：「巢，和。」

「大鍾謂之鏞。」疏：「孫炎曰：『鏞深長之聲，又名鎛。』」硃筆眉批：「鎛。」

「疏：『三曰宣夜，昔說殷代之制。』」硃筆改「昔」爲「皆」。

「鄭注考靈耀曰：『至冬至，上游萬五千里，地之下畔與天中。』」硃筆於「中」下加一「平」字。

「律曆志云：『二十八宿之度，角一十二度，亢九，氐十五，房五，心五，尾十八，箕十一：東方七十五度。』」硃筆眉批：「五，八，二。」

「甘雨時降，萬物以嘉，謂之醴泉。」註：「尸子皆以爲太平祥鳳者。」硃筆眉批：「尸子。」

「正月爲陬，二月爲如，三月爲寎，四月爲余，五月爲皋，六月爲且，七月爲相，八月爲壯，九月爲玄」條。硃筆於「六月」旁批：「林鍾。」

注：「寎，孚栢切。」墨筆眉批：「孚栢切，『栢』字恐是『柄』之訛，不則『梗』字之少畫。」

疏：「詩緯曰：陽生酉仲，陰生戌仲。」硃筆眉批：「陽生酉仲，陰生戌仲。」

疏：「是類是禡，師祭也。」「禘，大祭也。」硃筆眉批：「『禡』作『貉』。禘，宗廟天國有禘名。」

硃筆於卷五尾批：「李巡曰：『冀，其氣清，厥性相近。冀，近也。河南，其氣著密，厥性安舒。豫，舒也。河西，其氣蔽壅，厥性急凶。雍，壅也。荆漢南，其氣燥剛，稟性彊梁。荆，彊也。揚、江南，其氣燥勁，厥性輕揚。兗、濟、河間，其氣專質，厥性信謙。兗，信也。徐、淮海間，其氣寬舒，稟性安徐。徐，舒也。燕，其氣深要，厥性剽疾。故曰幽。幽，要也。營與青，李巡不言。太康記云：東方少陽，色青，氣清，歲首，事始。」

卷六

「兩河間曰冀州」條。疏：「此釋九州之名及其界域也。」硃筆眉批：「冀，近也。豫，舒也。雍，壅也。荆，彊也。揚。兖，信也。徐，舒也。燕、幽，幽，要也。青。」

「望厓洒而高，岸。」硃筆眉批：「岸。」

「夷上洒下，不漘。」硃筆眉批：「不。」

「重厓，岸。」硃筆眉批：「岸。」

卷七

「崒者，厜㕒。」硃筆眉批：「厜㕒。」

「山如堂者，密。」註：「尸子曰：『松栢之鼠，不知堂密之有美樅。』」墨筆眉批：「尸子。」

「左右有岸，厒。」硃筆眉批：「岸。海篇『厒』作『⿸厂⿱今止』，从厂，从今、止。」又硃筆尾批：「疏：『山兩邊有水，則山兩邊皆有岸』，但此單釋山，不得援與水作岸。」

「小山別大山，鮮。」墨筆眉批：「文選注：『小山別大山，巘。』」疏：「李巡云：『大山少，故曰鮮。』」墨筆尾批：「小山別于大山曰鮮，義正在小山耳，非謂大山爲鮮也。李巡曰『大山少』，失之矣。」

「夏有水，冬無水，澩。」墨筆眉批：「澩。」又硃筆尾批：「夏有冬無，何以謂之澩？」

「梁山，晉望也。」註：「晉國所望祭者，今在馮翊夏陽縣西北臨河上。」硃筆眉批：「以境內論之，當在河東，馮翊夏陽則在河之西矣。今永寧州有山曰呂梁山，實亦臨河，而在河東，當謂此。」

「泉一見一否爲瀸。」硃筆眉批：「洸水三見三伏可謂奇矣，尔足不及，何也？」

「氿泉穴出。穴出，仄出也。」註：「氿，軌。」硃筆眉批：「軌。」

「過辨，回川。」墨筆眉批：「過辨。」

「過爲洵，潁爲沙，汝爲濆。」墨筆眉批：「過洵，潁沙，無注無疏。」

「決復入，爲汜。」硃筆尾批：「汜字不音。」

卷八

「椴，木槿。櫬，木槿。」疏：「其樹如李。」墨筆眉批：「木也，而在草。」

「葝，鼠尾。」墨筆眉批：「葝與䕬同名。」

「荼，苦菜。」疏：「似苦苣而細，斷之有白汁，花黃似菊，堪食，但苦耳。」硃筆眉批：「今。」又硃筆尾批：「逕似蒲公英矣。然苦苣亦有黃花，但小耳。」

「粢，稷。衆，秫。戎叔，謂之荏菽。」墨筆眉批：「穀。穀。穀。」

「葍，䔰。」硃筆眉批：「不知是甚。」又硃筆尾批：「詩注：惡菜也。」

「葴，寒漿。」墨筆眉批：「黃帝十二姓中有『葴』字。」

「蘱，薡董。」硃筆眉批：「薡董。」

「虋，赤苗。芑，白苗。秬，黑黍。秠，一稃二米。」墨筆眉批：「穀。」

「徐，稻。」墨筆眉批：「穀。」

「莜，蚍衃。」墨筆眉批：「莜。」

「蕁，莸藩。」疏：「藥草知母也。」墨筆眉批：「知母。」

「蒫，薺實。」墨筆眉批：「薺。」

「蓫薚，馬尾。」疏：「藥草蔏陸也。」墨筆眉批：「商陸。」

「蘻，狗毒。」墨筆眉批：「今晉俗以『蜀羊泉』呼爲『菉狗彈』。」

「鉤，藈姑。」硃筆眉批：「王瓜。」又硃筆尾批：「此都是今之土豆子，又叫『壁虱瓜子』耳。」

「菆，小葉。」硃筆眉批：「菆。」

「仲，無笐。」硃筆改「笐」爲「笐」，並旁批：「笐。」

「芏，夫王。」硃筆眉批：「芏。」

「綦，月爾。」硃筆尾批：「集韻：『萁，似蕨，可食。』綦卽萁。」

「蘮，邛鉅。」墨筆眉批：「蘮。」

卷九

「栲，山樗。」疏：「或謂之栲櫟，許慎正以『栲』讀爲『䊸』。」硃筆眉批：「櫟。栲。䊸。」

「髡，梱。」「椵，柂。」墨筆眉批：「椵。」

「櫠，椵。」墨筆眉批：「櫠。」

「樓落。」注：「可以爲杯器素。」硃筆於「素」旁批：「索。」又墨筆眉批：「『素』字合『杯器素』三字爲文，不成語也。愚恐『素』字卽『索』之小譌，言可以杯器及索也。」又硃筆尾批：「『素』明是『索』矣。」

「蒁，荎著。」硃筆眉批：「木從艸者。」

「狄藏，槹。貢綦。」硃筆旁批：「五字並，不分句讀。」又硃筆眉批：「綦。」

「棆，無疵。」墨筆眉批：「說文：『棆，毋杶也。』」

「杬，魚毒。」墨筆眉批：「說文：芫，亦可毒魚。」

「還味，捻棗。」註：「邊大而腰細者名『邊腰棗』。」硃筆眉批：「『邊』下加一『大』字，于本文贅。」

「梀，赤梀；白者梀。」硃筆眉批：「梀。」

「蕡，藹。」硃筆眉批：「木從艸，蕡。」

「桑辦有葚，梔。」註：「舍人曰：『桑樹一半有葚，半無葚，爲梔。』」硃筆眉批：「木從艸，葚。」又硃筆尾批：「舍人解未然。」

「常棣，棣」條。硃筆眉批：「白櫻桃。」

「檄，樸心。」硃筆眉批：「『心』字不注。」

「蛂，蟥蛢。」硃筆眉批：「論衡書解篇：『蛢彈鵲則失鷃。』『蛢』字定差。」

「其子蜱蛸。」註：「一名『螵蛸』，蟷蠰卵也。」硃筆眉批：「『螵蛸』無音。」

「蟋蟀，蛬。」墨筆尾批：「考工記注：『以注鳴者，精列屬。』疏以爲卽『青蛪蟋蟀』也。」

「螌蝥，螇蚸。」註：「今俗呼似『蜙蝑』而細長、飛翅作聲者爲『螇蚸』。」墨筆眉批：「飛翅作聲者，似今所謂『莜麦翅』，蒼黑色，飛起，翅下有薄紅翅襯之；不飛，翅合，則不見紅也。」

「土螽，蠰谿。」疏：「五月中以兩股相切作聲。」硃筆眉批：「其實非以股鳴。」

「莫貈，螳蜋，蛑。」墨筆眉批：「再見。」

疏：「孫炎取此方言之文，以虹上屬爲說。」墨筆於「以虹」二字間加「下之」二字。

「虰蛵，負勞。」疏：「淮南人又呼『蠊蚜』。」墨筆眉批：「蠊蚜。」

「螱，飛螘，其子蚳。」墨筆眉批：「謂古人食蟻子，我不信。」

「蠖，蚇蠖。」硃筆眉批：「蠖。」

卷十

「鱀，是鱁。」註：「鱀，鯌屬也。躰似鱏，尾如䲉。」硃筆眉批：「胎生之魚。䲉有兩乳。」

「鮥，鮛鮪。」疏：「今東萊、遼東人謂之『尉魚』，或謂之『仲明』。仲明者，樂浪尉也，溺死海中，化爲此魚。」墨筆眉批：「仲明。」又硃筆尾批：「論衡言毒篇：『人食鮭（鮭即河豘也）肝死，爲鮗、鮛螫有毒。』『叔』即『未』也。字書無『鮗』字，恐即『各』，訛成『多』也。」

「鱊鮬、鱖鯞。」註：「江東呼爲『妾魚』。」硃筆眉批：「妾。」

「鮤，鱴。蜎，蠉。」硃筆尾批：「高誘注淮南子，『孑孑』爲蚊，音廉。不知。」

「鼁鱦，蟾諸。」硃筆眉批：「鼁亂。」

「蚹蠃，螔蝓。」註：「即蝸牛也。」疏：「周禮饋食之豆『葵菹蠃醢』是也。」硃筆尾批：「周禮之『蠃』，定是海邊者，非今之人家之『蝸牛』也。」

「佳其，鳺鴀。」疏：「某氏引春秋云：『祝鳩氏，司徒。』」硃筆眉批：「祝鳩。」

「鵻鳩，鵓鵻」條。墨筆尾批：「淮南說林：『鳥力勝日，而服于鵻禮。』注：『鵻禮』，爾疋作『裨笠』。」

「鳽，鵁鶄。」註：「鳽，音額。」墨筆尾批：「鳥从开，音額。亦異。」

「鸐鹵，艾。鴱，鷜老。」硃筆尾批：「鴱，今有灰鴱、黑鴱。」

「桑鳸，竊脂。」硃筆眉批：「埤雅謂『率場啄粟者』，是『竊脂肉』者也。『有鶯其羽者』，是『淺白』者也。」

「桃蟲，鷦。其雌鴱。」疏：「郭云：『鷦鷯，桃雀也。俗呼爲巧婦。』陸機疏云：『今鷦鷯是也。微小於黃雀。』」硃筆旁批：「『鷯』字不音。」又硃筆眉批：「此與後『鷑鳩，鵧鷑』混。」

「鵧鷑，鷑鳩。」疏：「陸機疏云：『鵧鷑，似黃雀而小』，『幽州人謂之鷑鳩，或曰巧婦。』」硃筆眉批：「過羸。」又硃筆尾批：「注似今『葦札』，『葦札』又名『鷦鷯』者。」

「鵖鴔，戴鵀」條。硃筆眉批：「鶇，鴀。」又硃筆旁批：「皀，乏。」又硃筆尾批：「鶇字不音。」

「鶭，澤虞。」疏：「說文云：『婟嫪也。』」硃筆眉批：「婟嫪。」

「鴢，頭鵁。」疏：「鴢，一名頭鵁。」硃筆眉批：「張揖上林賦注：『鵁，鴢頭鳥也。』與此疏『鴢，一名頭鵁』句讀不同，以文義觀之，張說似長。」

「鷹，鶆鳩。」硃筆眉批：「鶆。」

「鸛鷒，鶝鶔。如鵲，短尾。射之，銜矢射人。」註：「或說曰：『鸛鷒，鶝鶔，一名𨼆羿。』」硃筆眉批：「𨼆羿。」

「二足而羽謂之禽，四足而毛謂之獸」條。墨筆尾批：「山海經凡曰『使四鳥』者，謂虎、豹、熊、羆。」

卷十一

「麢：牡，麇；牝，麜；其子，麆；其跡，解；絕有力，豣。」墨筆眉批：「獨麢之絕有力者『豣』，从豕，不从鹿。」

「兔子，嬎。」硃筆眉批：「兔。」

「豕子，豬。」硃筆眉批：「豕。」

「所寢檜。四豴皆白豥。」註：「檜，音繒。」墨筆眉批：「檜音繒，不知是从『會』從『曾』？」

「虎竊毛謂之虦貓。」硃筆眉批：「虎。」

「鼳，鼠身長須而賊，秦人謂之『小驢』。」註：「鼳，似鼠而馬蹄。」「鼳，古役切。」硃筆眉批：「鼳。」又硃筆尾批：「後鼠屬中又有『鼳』字，與此同，音『南見切』，不知爲何音？」

「熊虎醜，其子，狗；絕有力，麙。」硃筆尾批：「熊虎之子，從鹿。」

「蒙頌，猱狀。」墨筆眉批：「蒙頌。」

「威夷，長脊而泥。」墨筆眉批：「威夷。」

「虋，有力。」硃筆尾批：「杜詩『乳虋』再用。」

「蜼，卬鼻而長尾。時，善棄領。」墨筆眉批：「時。」又墨筆尾批：「『時』不注形狀，若連上文讀，恐是『蜼』之所差耳。」

「闕洩多狃。」墨筆眉批：「闕洩。」

「豹文鼮鼠。」墨筆尾批：「唐書盧藏用傳：『弟若虛，多才博物。隴西辛怡諫爲職方，有獲異鼠者，豹首虎臆，大如拳。怡諫謂之「鼮鼠」而賦之。若虛曰：「非也，此許慎所謂『鼨鼠』，豹文而形小。」一坐驚服。』」

「鼰鼠。」註：「今江東山中有鼰鼠，狀如鼠而大，蒼色，在樹木上。音巫覡。」又註：「鼰，南見切。」墨筆眉批：「南見切，何音？」墨筆旁批：「『音巫覡』三字何義？」又硃筆旁批：「前釋獸中『鼰如鼠而馬蹄』者，『鼰，古役切』，此『鼰』與前同字，而音『南見切』，不知所爲何音？」又硃筆旁批：「若如『南見切』，似如『念』音矣。」

「魚曰須，鳥曰狊。」墨筆尾批：「『三嗅而作』卽『狊』字之訛字，本作『狊』。」

「騉蹄，趼，善陞甗。」註：「甗，山形似甑，上大下小。」疏：「趼，平也。謂蹄平正，善陞甗者。」硃筆於疏文旁批：「儘着說去，只是不曾說破所以能陞『上大下小』之山。」又硃筆尾批：「若『趼』但是『平』，亦不能陞『上大下小』之山。」

「羊：牡，羒；牝，䍧。」墨筆眉批：「羊。」

「羳羊，黃腹。未成羊，羜。絕有力，奮。」疏「云『两壺两羭』者，齊母經瞿有之文也。案，彼云：『瞿有瞿有，觚宵粱爲酒，尊於两壺两羭』」云云。硃筆眉批：「宵粱。」墨筆眉批：「齊母經瞿有之文。」又硃筆尾批：「觚。」

「未成雞，僆。」硃筆眉批：「僆。」

卷四十九　廣韻批注〔一〕

上平聲卷

一　東

檬　「似槐，華黄。」硃筆批注：「東坡志林有黎錞者，質木遲緩，貢父戲之爲『黎檬子』。南海有之，霜實纍纍然。蓋果名也。」

二　冬

鵵　「鳥名。鵵渠，狀如山鷄。」硃筆批注：「鶅鴿一名雍渠，非也山鷄者。」

炵　「火色。」硃筆批注：「複。」

三　鍾

烿　「（音同鍾。）熱僕。」硃筆批注：「平定人謂被火烟槍者曰「火中」，其「烿」之同聲。」

〔一〕　此篇據國家圖書舘藏批注手稿整理，底本廣韻五卷，清初張氏刻本。批注與本書所收杜詩韻字歸部同書於廣韻中。因内容不同，故分爲兩篇。由韓琳釋文整理。傅山全書初版本未收。

五　支

颷　「小旋風，咸陽有。」硃筆批注：「小旋風唯咸陽有耶？」

罷　「（音同皮）。」硃筆批注：「俗皆讀如霸。」

觜　「嫌食皃。」硃筆批注：「管子：『觜食者不肥體。』」

六　脂

飢　「飢餓也。」硃筆批注：「『飢』、『饑』同解『餓』，『饑』在微韻，不知何別。」

九　魚

瘀　「瘕也。」硃筆批注：「前『痴』下云『不慧也』。」

十　虞

廚　「說文曰：『庖屋也。俗作厨。』」硃筆批注：「摩厨。藏器曰：摩厨子生西域及南海并斯調國。子如瓜，可爲茹。其汁香美，如中國用油。」

十一　模

蛄　「螻蛄。」硃筆批注：「爾雅：『蛄螿，强蛘。』支韻收『螿』，此列『蛄』字，但云『螻蛄』。」

十二　齊

硃筆批注：「龜策：『梁卵焍黃』注：『焍音題，焦也。』」〔一〕

十七　眞

燐「同粦，鬼火。」墨筆批注：「爾雅曰：『螢火，即炤。』燐也。埤雅引毛詩傳曰：『熠燿，燐也；燐，螢火也。』又引古今注曰：『螢一名燐。』」

辣「（眞珍切，又直刃切）。」硃筆批注：「又音『東』之去。」

十八　諄

樛「（音同荀）。又祥勻切。」墨筆批注：「摎頊侯溫疥，師古『音荀，又音旬』。从扌不从木，當是傳寫少訛。」

瞤「（音同犉）。如勻切。」墨筆批注：「詩箋音撋，而純反，亦當收『犉』下。」

二十二　元

墨筆批注：「集韻有『拳』、『捲』、『⿰禾雚』、『權』，小補於此字下，亦云『又元韻』。」

諼「祚也。」墨筆批注：「又『忘』也。」

〔一〕此條批注，其意似爲齊韻中應增一「焍」字。

蕎　硃筆批注：「先韻有。」

焉　硃筆批注：「先韻有。」

赶　「獸舉尾走。」墨筆批注：「管子有『滔赶』。」

二十三　魂

驛　硃筆批注：「是『驒』之訛。」

堚　硃筆批注：「又作韋。」

頵　「頭多殟頵。」硃筆批注：「本韻『昏』下反不列此字。『殟頵』狀，頭溫昏。」

墩　「平地有堆。」硃筆批注：「齊墩，菓名。酉陽雜俎：齊墩，生波斯及拂菻，高二三丈，花似柚，極香美；似楊桃，五月熟。西域人壓爲油，以煎餅果。」

頤　「（音同昆）。」硃筆批注：「又去聲。」

麐　「香也。亦人名。姚興太史令郭麐。」硃筆批注：「東坡詩第廿八卷有書麐公詩後。麐公本名清戒。」

二十七　删

瘝　「五還切。」硃筆批注：「又文韻。」

二十八　山

閒　「隙也，近也，又中閒。亦姓，出何氏姓苑。古閑切，又閑、閒二音。」硃筆批注：「注出『間』字，大字不列。」

下平聲卷

一　先

𨌸　「（在牽韻類者）。」硃筆批注：「前有。」

二　仙

攔　「摧物也。而緣切。」墨筆批注：「詩箋：『煩攔之，而專反。』何胤、沈重：而純反。」

蝺　「蝺蟳，蟲名。」墨筆批注：「山海經西次三：『崇吾之山，東望蝺淵。』」

三　蕭

硃筆批注：「元微之酬對猛，蕭、肴、豪三韻並用。」

澆　「（音同驍）。沃也，薄也。」墨筆批注：「澆花之『澆』，習讀如『交』聲。」

藔　「（音同聊）。草器。又力戈切。」硃筆批注：「不知聲義。」

四　宵

苗　「田苗。」墨筆批注：「字與屋韻『苗』字全無分別，不知何辨。」

㶉　「說文曰：『火飛也。』周禮注云：『輕㶉，土地之輕絕也。』」硃筆批注：「今周禮作『㶉』，非『㶉』。似有異。五音集編入霄韻，同『脆』聲。」

五　肴

虠　「胡茅切，又許交切。」墨筆批注：「漢志注：音于虬反。」

絞　「黃色。」硃筆批注：「『絞』亦作『絞』。」

九　麻

墨筆批注：「此不列『涯』字。從來『生涯』之『涯』同『牙』。」

十　陽

亡　墨筆批注：「『忘』字列去聲，下又音『亡』，畢竟當列此。」

十三　耕

浤　「浤浤泊泊，水波之勢。」硃筆批注：「江賦有『浤』字。」

十八　尤

墨筆批注：「漢地理志濟南郡有虠縣，注：『侯國。蔡謩音由，音鴞。師古：蔡音是，于虬反。』」

妋 「鼻目閒恨。」硃筆批注：「篇韻作『眉目閒恨』。與屑部『妋』字易混。」

十九 侯

齠 硃筆批注：「前有。」

睫 硃筆批注：「前有。」

瞅 硃筆批注：「前有。」

緅 硃筆批注：「前有。」

棷 硃筆批注：「前有。」

掫 硃筆批注：「前有。」

二十 幽

丝 硃筆批注：「前有。」

鷚 硃筆批注：「前有。」

弓 硃筆批注：「前有。」

慘 硃筆批注：「前有。」

二十二 覃

肣 「排囊柄也。說文同『圅』。」墨筆批注：「竈書多用之。」

二十三　談

痰　墨筆批注：「青箱雜記：蜀有痰市，間日一集，如痰瘧之發也。」

二十四　鹽

鹽　墨筆批注：「關中人謂『好』爲『鹽』。施肩吾詩有『顛狂楚客歌成雪，媚嫵吳娘笑是鹽』。出唐詩紀事。」

二十六　咸

滔　「滔沒。」硃筆批注：「『滔』與『滔』易混。」

上聲卷

五　旨

雅　「千水切。細頸。」硃筆批注：「篇韻音同，解曰『細鷯』。」

六　止

喜　硃筆批注：「大戴記有『嘻』字，字書音『喜』。」

八　語

杵　硃筆批注：「『杵』從午，當在麌韻。」

十　姥

部　「部伍，又部曲。」墨筆批注：「『部』字又在有韻。」

十二　蟹

解　「講也，說也，脫也，散也。佳買切。」墨筆批注：「『尸解』之『解』讀如假。」

丫　硃筆批注：「篇韻作『芐』。」

二十　阮

婉　墨筆批注：「此中不列『椀』字，『椀』字獨在旱韻，不解。」

二十四　緩

鰀　「魚名。」墨筆批注：「惟玉篇解曰『魚撞罩聲也』最好。」

二十九　篠

䠦　「勄䠦。」墨筆批注：「海篇『䠦』字下云：『勄䠦也。』」

四十四　有

恒　「小怒。芳否切。」墨筆批注：「去聲霽韻『恒』字，〔二〕亦曰小怒。『豈』與『豆』相似，而聲迥遠矣。」

去聲卷

一　送

控　「引也，告也。」墨筆批注：「荀子樂論：『拊、鞷、控、楬。』」

仲　「中也。亦姓。」墨筆批注：「相國公仲，西周策、東周策、秦策、楚策、魏策、齊策。於陵子仲，齊策。」

五　寘

賁　「封名賁飾也。亦姓。」墨筆批注：「陸德明音義『賁』字，列傅氏曰：『賁，古班字。』」

〔二〕「恒」字在祭韻，不在霽韻。

六　至

鼻　墨筆批注：「國策有『癖』字。墨子有『僻』字。」

坒　墨筆批注：「下不列『陛』字。『陛』在上聲，今通作去聲讀矣。」

八　未

鮇　「魚名。」墨筆批注：「山海經東三：『諸鉤之山，多寐魚。』注：『即鮇。』」

十二　霽

墨筆批注：「八哀詩　聚落多藏穢」，與霽韻叶用。

睥　「睥睨。」墨筆批注：「『睥』字通作『埤』。」

十三　祭

墨筆批注：「此不列『蔽』字，又在後『必袂切』下，不解。」

愖　「說文曰：小怒也。」墨筆批注：「上聲有韻『恒』字，芳否切，亦曰『小怒』，與『愖』字形易混。」

鬁　「除利也。」墨筆批注：「『除利』，不解何義。」

槸　「（音同藝）。樹枝相摩。」硃筆批注：「木旁『槸』與木上『槷』聲義俱別。」

猘　「居例切。」墨筆批注：「此不列『蓟』字。『蓟』字在前霽韻部計韻類『古詣切』下。」

不知『古詣切』與『居例切』何處分别。」

十八　隊

錞　「（音同隊。）從對切。」墨筆批注：「山海經西首：『䰰山，是錞于西海。』注：『錞，猶堤埻也。章閏反。』北次二：『敦題山，錞于北海。』東首經：『竹山，錞于江。』北山三經又有『錞于母逢之山』。『錞于』字與前三『錞于』同，而義遂異。又疑誤訛。」

二十一　震

䳡　「䳡鷺。」墨筆批注：「字書皆有之，恐因振鷺之詩而爲此字。」

三十　諫

患　「病也。」墨筆批注：「荀子有『傀然若終身之虜』。」

三十九　過

硃筆批注：「篇海有『𢠳』字，音過，韻亦無。」

四十　禡

墨筆批注：「『罷』字在支韻。」

射　「又音夜，僕射也。」墨筆批注：「獨此『射』字同『夜』聲，亦不解。」

帊　硃筆批注：「不列『帕』字。」

四十一　漾

壯　墨筆批注：「『壯』字下不收『狀』字，不知『狀』爲何聲。」

四十二　宕

蕩　墨筆批注：「凡『蕩』字皆出上聲下矣。」

四十八　嶝

堋　「（音同『⿱穴月』，喪葬下土也。方隥切。）又壅江水灌溉曰『堋』。」墨筆批注：「左作『塴』，甫贈反，又北鄧反。」

五十　候

欸　「石蜜膜也。」墨筆批注：「从矣从欠，而義則『石蜜膜』，教人何處卜度？」

入聲卷

一　屋

樸　墨筆批注：「『樸』字又在覺韻。」

苗　「蓨也。」「蓨音挑。」墨筆批注：「『蓨』音『桃』。」

砡　「齊頭兒。」墨筆批注：「『齊頭』無味。」

四　覺

晫　墨筆批注：「『晫』字，有晉人羊晫，是稱譽陶士行者。晫爲十郡中正，舉陶爲鄱陽小中正。」

朴　「同樸。」墨筆批注：「『朴』字只在覺韻。」

五　質

莘　「棄糞器。說文方干切，箕屬。」墨筆批注：說文『茟』，不作『莘』也。」

十一　沒

勏　「力作。」墨筆批注：「『搰』，用力也。『勏』字，其豈與之同？」

十三　末

奪　「徒活切。」硃筆批注：「晉人聲重，讀與『鐸』同。」

拔　「㧊拔。」墨筆批注：「『拔』字又前月韻，與此義不同。」

跋　硃筆批注：「『鮁』不見。」

十六　屑

桔「桔梗。」硃筆批注：「『桔梗』之『桔』再無用處？『桔槔』？」

妜「娟也。」硃筆批注：「後又見，曰『鼻目間輕薄』。」

䭾「馬行疾也。」墨筆批注：「『䭾』與『駛』字、『駃』字形易混。」

夨「左曰夨也。」墨筆批注：「『夨』又如『仄』。」

十七　薛

舌「山海經云：長舌山有獸，名長舌。」墨筆批注：「今山海經南次二經，『長右之山』獸即名『長右』。注以山出此獸，因以名。不知的是『舌』，是『右』？若以廣韻爲唐以來校正之書，則『舌』爲正。」

妜「鼻目間輕薄曰妜也。」硃筆批注：「與尤韻『妜』字混。前見，曰『娟也』。」

蹶「有所犯灾。」墨筆批注：「『蹶』从『厥』，又忽在此。」

二十　陌

檘「弼戟切。」硃筆批注：「此當在藥韻。」

二十二　昔

益　墨筆批注：「『溢』字獨在質韻，不解。」

二十三　錫

蓨　「（他歷切。）苗蓨草。」墨筆批注：「又音挑。」

二十四　職

戠　「説文云『闕職』。」墨筆批注：「虞氏易『勿疑朋盍簪』作『盍戠』，音義叢合也。」

膱　「脯長尺有二寸，曰膱。儀禮作職。」硃筆批注：「『膱』又訛作『濈』。」

二十六　緝

瓡　「（音同執。）縣名，在北海。」墨筆批注：「漢武帝功臣侯表有『瓡讘侯杆者，以小月氏王將軍衆千騎降，侯』，師古曰：『瓡讀與狐同。』下大書『河東』。地理志河東郡列狐讘，又不作『瓡』。北海郡列瓡，師古曰：『瓡即執字。』王子侯表有瓡節侯息（城陽頃王子），師古曰：『瓡即瓠字，又音孤。』下不大注何郡。一字而三四音之矣。」

二十七　合

軜　「（音同納。）腝兒。」硃筆批注：「呂氏春秋有『軜』字，無音，恐即从韋从革少混。」

䢌　「褱䢌。七合切。」墨筆批注：「『褱䢌』不解何義。篇韻則云與『趿』同，『走也』。」

二十八　盍

墨筆批注：「不列『塌』字，何也？」

二十九　葉

涉　「歷也，徒步渡水也。」墨筆批注：「『涉』字又見後，當從此義。」

三十三　業

袷　硃筆批注：「前有。」

跲　硃筆批注：「前有。」

笈　硃筆批注：「前有。」

卷五十　六書索隱批注〔一〕

第一卷

「，古文『窓』，中象交疏之形。疏卽窓櫺也。」墨筆眉批：「玉篇有『宕』字，云古文『倉』字。管子有『六宕』字，不音。」

「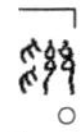。」墨筆尾批：「小篆韻此與『尋』字混。」

「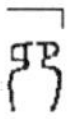，子兮切，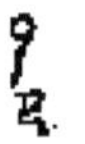，合而爲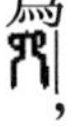，亦作去聲。蓋分、劑二字，俱有平、去兩音。○或以爲『卿』字，非『卿』字。從此非卽是『卿』字也。」硃筆眉批：「紙韻中『』又曰『子禮切』。」

「，靈臺碑『春』字。」硃筆旁批：「此近『青』字。」

「，軍。」硃筆旁批：「傅山曰：分明畫兜介之人。」

「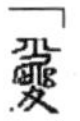，籀文『婚』。」硃筆眉批：「周毁敦有『□於我家』，釋作『婚』。」

「，古文婚。」硃筆旁批：「類□。」

「，古文『城』。」硃筆尾批：「篆韻『城』從『』，『』乃『珹』字也。」

「，古文『平』。從石從水。石水，水也。萬物惟水至平，而猶有波。惟石水極平，以其無波。素問『期在石水』。」硃筆眉批：「素問陰陽類論曰：『三陽獨至，期在石水。』注：『石水謂

〔一〕此篇據雲南賓傅樓藏傅山批點手稿釋文。批點底本爲明嘉靖刊本。由尹恆整理。傅山全書初版本未收。

冬月水。』冰如石之時也。無『平』義。」

第二卷

「□，晴，從月、星並見之形。」墨筆尾批：「又『月』字。」

「□，涅、澄同。管子。」墨筆眉批：「涅，廣韻：『以整切。』泥也。若與澄同，則清矣，非泥也。管子注：『涅音弋涅反。』」

「□。」墨筆眉批：「哱。」

「□。」墨筆眉批：「石鼓。」

「□，與『濂』同，薄水也，一曰中絕小水。○按素問，有『期在濂水』、『期在石水』之文。注：「濂水，薄冰；石水，冰厚如石也。」硃筆眉批：「素問：『陰陽交，期在濂水。』注：『濂水，七月也。建申三月，水生於甲，陰陽逆也。』楊上善云：『濂，廉檢切，水靜也。七月水生，歲也。』」

第三卷

「□。」墨筆眉批：「石鼓。」

「□，子禮切，與『桼』同。」硃筆眉批：「齊韻中音作『子兮切』，分明一字。『子禮切』讀如『桼』，非聲。」

「□，漢碑『響』字。」墨筆眉批：「音景成響，義渺文茂。」

「□，韓詩：『有美一人，碩大且嬒。』薛君章句云：『重頤曰嬒。』○言美人豐豔，體外有餘。洛神賦所謂『靨輔承權』也。毛詩作儼。」墨筆眉批：「美人何用肥重？重頤唯是肥人才有。招魂『倚重頰』亦是此義。」〔二〕

第四卷

「□，布。○商貨布文象布形。」墨筆眉批：「『布』與『比』同。」

「□，樹。」硃筆旁批：「此與周毀敦『旮』字同。」

「□，古外切。許氏曰：『建大木，置石其上，發以機，以追敵也。』詩曰：『其旝如林。』春秋傳曰：『旝動而鼓。』○左傳曰：『正義曰：賈逵以旝爲發石，引范蠡兵法飛石之事。』今按蠡兵法，雖有飛石之文，不言飛石名爲『旝』也。說文以『旝』字載於『㫃』部，曰『凡㫃之屬皆從㫃』。『旝』果爲『發石』，則非『㫃』之屬也。自相背戾，莫此爲甚。」墨筆眉批：「唐書王方翼傳『飛旝擊賊』，即用此字此義。又李觀傳『鼙旝歡豎』。究其義，則『飛旝』是發石矣。『鼙旝歡豎』，又似掉鼓旗之義。」

「□，同上。○此數字出八駿圖。唐王啟對太宗云：『臣於字所不識者，惟八駿圖中數字耳。』謂其無義而難解也。」墨筆眉批：「□，此自『丙』字，何得係『旝』下？是傳寫者溷耳。」

「◆，同上，父乙鼎文。」「□，同上，父乙鼎文○此二文雖義有難解，亦相近可以心會。」墨筆眉批：「今行父乙、父癸二鼎銘中無此二字。」

〔二〕按：此句招魂無，當引楚辭大招，原文爲「曾頰倚耳」，王逸注：「曾，重也。」

「□，與『礙』同。佛典『無邊無礙、無央無極』。南史亦有此字。」硃筆尾批：「又爲『得』字。」

「卍，『萬』同。『一』象數之横，『十』象數之縱。〔二〕『十』字象數之縱横。『萬』字，縱横之上，又加縱横，多之極也。楚地有卍城。唐勒奏土論云：『我之先楚也，世霸南土，由越以至葉陲，弘境，故曰卍城。』篆作『卍』而隸作『萬』。作方圓之方，大謬。」墨筆眉批：「華嚴音義云『案卍字本非是字。武氏大周長壽二年，主上權判此文著於天樞，音云爲萬。據此庚勤』云云，則本有此字也。」

「□，殷。」墨筆眉批：「『□』分明近『將』字。」

「□，與『霰』同。許氏曰：『雨霓爲霄，從雨八，月聲，齊語也。』○慎按：此字與『霄』不同，『霄』從『肖』，近天氣也。二字大不同。徐鉉誤以『相邀切』音之，韻會諸書亦仍其誤，今特正之。」墨筆眉批：「今行說文『霄』字下，『雨莧爲霄，從雨，肖聲，齊語也』，無『從雨八，月聲』之言。『霰』字見，〔三〕又列一『莧』字云：『霰或從見。』」

「□，古文『聖』。」硃筆眉批：「『聖』字見貴陽太守周憬銘。」

「□，『霤』同。左傳：『石窌，齊地名。』上從穴，下從卯。卯酉同。與『窌』字不同。窌，窖也。其字從卯。漢書：『成皋，石霤之地也。』」墨筆眉批：「左傳注，濟北盧縣東有地名窌。」

「□，暗，從日，覆地中爲義。」硃筆尾批：「又似『昏』。」

〔二〕「十」，疑爲「丨」之誤。

〔三〕「見」，疑爲「下」之誤。

第五卷

「，疾。○廿，古文『疾』字也。」硃筆旁批：「與『志』混。」

「，林木。」墨筆眉批：「管子地員，卽『欝』字。」

「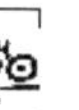，古文『獺』。莊子：『猿猵狙以爲雌。』爾雅注：『猿鳴而獺候之。』束晳曰：『猿以獺爲婦。』據此，知狙卽獺也。韻會音『且』，非。」墨筆尾批：「今行文做『猿猵狙』，不作『狙』也。」

「，古文『客』。」墨筆眉批：「客。」

「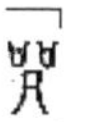，聶。○考古圖。」硃筆眉批：「，今考古圖醳作『品』，然彝適爲『單』，伯作『無』。又如『單』字，古文之而少變者乎？」

卷五十一　隸釋批注〔一〕（上）

刻隸識小序（明王雲鷺）

「隸識一集，乃宋人洪适氏取兩漢迨魏初碑碣之類，有關於隸書者，而識之也」云云。文末批：「此序皆以『釋』作『識』。」

宋洪适隸釋序：「本朝歐陽公、趙明誠好藏金石。刻漢隸之著録者，歐陽氏七十五卷，趙氏多歐陽九十三卷，而闕其六。自中原厄於兵，南北壤斷，遺刻秏矣。予三十年訪求，尚闕趙録四之一。而近藏新出者，亦三十餘，趙蓋未見也。既法其字爲之韻，復辨其文爲之釋，使學隸者藉書以讀碑，則歷歷在目，而咀味菁華，亦翰墨之一助。」「既法其字爲之」旁批：「惜此書不傳。」

〔一〕此篇據山西省圖書館藏四部叢刊影印本整理。底本隸釋二十七卷，上海涵芬樓影印萬曆刻本。原書著録漢魏隸書石刻文一百八十三種。傅山手批其中一百餘種（處）。由范月珍釋文整理。因本篇的依據爲影印本，故無法分辨原稿哪些是硃批，哪些是墨批，需待發現原稿後方能分別。傅山全書初版本未收。

隸釋卷第一

濟陰太守孟郁修堯廟碑

「地窾墦坳石闟二坐。」眉批：「傅山曰：『窾』即『致』字。多上『云』，不知所謂。」

「闞綜睢菿。」傅山改「睢」字爲「雅」字。

「惟序仲氏，祖統所出，本繼於姃。」下批：「『女』旁『正』，說文無，當是『姬』之省。隸書有此法耳。」

「俵著孟府君美勛於陽，眛紀祖禋所出。」眉批：「眛紀祖禋。」又於洪适釋文下批：「『眛紀祖禋』，眛字、禋字亦異。」

「洪适釋云：『其曰「無爲如治」、「高如不危」者，用春秋「星隕如雨」之法』。」眉批：「古『如』、『而』字同。」

帝堯碑

「帝堯者，蓋昔世之聖王也」，「謖自侯伯。」眉批：「傅山曰：『謖』當即『謖』字，起也。禮記：『尸謖。』說文無『謖』字。『田』下『友』、『夊』小異，當筆省謳耳。」

「投鈐授與。」根批：「鈐」。

「秉圖書。」根批：「『秉』與『秉』（『手』把『禾』）之文又異。」

「聞名應郚。」眉批：「『郚』即『郵』。見唐公房碑陰。」

「特獲五百。」根批：「『獲』字應即『復』，『復』字從『犭』無謂。」

「宜崇桓。」根批：「桓。」

「設供曹掾史令養牲犧，即堯陵廟神亨靈洞歆。」根批：「『歆』當即『達』，從『欠』無乩。」

「是以好道之疇自遠方集，或弦琴□□□一，或譚□□歷丹田。」洪适釋云：「蔡邕集有王子喬碑，凡六十字，與此同。其間云『或弦琴以歌太一，或譚恩以歷丹田』，正此碑之闕文也。」眉批：「傅山曰：『譚恩』當是『覃思。』」

成陽靈臺碑

「惟帝堯母，昔者慶都，乜舍穹精。」眉批：「傅山曰：『乜』字不成體。『舍』疑『含』。」又批：「兆。」

「躬行聖政，以育苗萌。」眉批：「『萌』即『民』。」

「□□之際。」眉批：「『際』字多『艸』。」

「四夷數侵，軍甲數擾。」眉批：「傅山曰：『數』字本從『婁』從『攴』，此從『婁』從『殳』，非。嶧山碑作『臾』下『臼』，『臼』下『女』，趙宧光曰『「臾」下當仝「臼」』，非。」

「日稷不夏。」眉批：「『稷』。費鳳、郙道二碑俱有稷字。」

「厥霧夷平。」眉批：「『霧』從『雨』，非。」

「五色芈精。」眉批：「『芈』，不知爲『華』爲『萃』。後桐柏碑中有『芈』字，亦類此。」

「成陽令博陵菅遵。」眉批：「菅遵。」

「遷徙不絕，皆興治大聖黄屋之力。」傅山於「治」字旁批：「治。」又下批：「傅山曰：遷徙歸效興治之力，可笑。」

洪适注曰：「碑以『不夏』爲『不暇』，『刑』爲『形』，『戚』爲『滅』，『基』爲『朞』，『犂』爲『黎』，『德彼』、『廣彼』爲『被』；『迹』即『恢』字，『逆』即『延』字，『蔑』即『薦』字。」下批：「『礫』字、『薹』字、『稷』字，皆有疑。『薦』字本『慶』字。」

靈臺碑陰

「主吏仲阿先出錢二千，主吏仲子村出錢二千，主吏仲阿先出錢二千。」眉批：「兩仲阿先。」

「督郵仲斐升臺出錢千四百。」眉批：「斐。」

「主吏仲关字壯武，出錢五百。」眉批：「『关』字不知所从，蓋即『赫』字，俗書有『赤』法，『屮』下『赤』。『𠀤』即『屮』，『夾』即『夫』之『大火』也。『武』，義近『赫』。」

益州太守高眹修周公禮殿記

「闓司𡼏延，公𤕤相承。」眉批：「『闓司』不識，『𤕤』字亦不識。」洪适釋末注云：「此碑以『旋機』爲『琁機』，以『擾』爲『擾』，以『蠭敀』爲『蜂起』；『𡼏』恐作『蔓』，『壬衡』即『王衡』。」下批：「『闓』字不解，『司』亦不解。」

孔廟置守廟百石孔龢碑

眉批：「此碑末一行小眞字，曰『後漢鐘太尉書』。」

「選其年卌十以上。」眉批：「『卌』卽『四十』字。」

「魯相平，行長史事、卞守長擅，叩頭死罪。」下批：「『擅』是名。」

「讚曰：䰓穊大聖，赫赫彌章。相乙瑛字少卿，平原高唐人。令鮑疊字文正，上黨屯留人。政教稽古，若重規□。」眉批：「讚語八字下卽系以乙瑛等名字，似非讚體。忽又雜以『政教』云云，不知是何法。」

洪适釋云：「魯相乙瑛書言之於朝。」眉批：「乙姓奇。」

魯相韓勑造孔廟禮器碑

眉批：「『勑』本『洛代切』，爲『來』之去聲；相承爲『恥力切』，同『敕』。此『勑』不知爲『來』之去？爲『恥力切』？而其字則曰叔節，若作『來』之去，是『勑來』之『徠』，其『節』則猶『受勞』矣；當『節』之；若『恥力切』，則猶『謹敕』之士，亦爲以『節』義之『節』字之。但漢碑不合六書者甚多，不知的確是何音耳。」

「君於是造立禮器」，「遵杋禁壼」。洪适釋云：「『杋』音『凡』，木名也，皮可爲索。禮器曰：『大夫士棜禁。』注云：『禁如今之方案。』」「『遵』卽『籩』字。」眉批：「『杋』若但如木名，可爲『索』解之，與『籩』『禁』無關。廣韻去『六十梵』有『盕』字，與『温』同，杯也。古文凡從『皿』者，多從『木』，『杋』當卽『盕』也。」

「尊琦大人之意，逴彌之思。」眉批：「『彌』。尊琦。」

「太一所授，前門九頭。」眉批：「按：石本『門』作『閶』。」

「韓明府名勑字叔節。潁川長社王玄君眞二百。河東大陽西門儉元節二百。故涿郡太守魯麃次公五千。故會稽太守魯傅世起千。故樂安相魯麃季公千。故從事魯張嵩眇高五百。相主薄魯薛陶元方三百。」傅山全圈「魯」字，於「次公」「季公」旁皆批：「字。不名。」又眉批：「麃姓奇。『涿郡太守』、『樂安相』下皆有『魯』字，與傅、張等同，但『麃』字上無姓，則『麃』卽姓，而『次公』其字。」又眉批：「傅世起。」

韓勑碑陰

「曲成侯王嵩二百。河南成睪蘇漢明二百。」眉批：「『睪』卽『皋』。」

「故從事魯王陵少初二百。故督郵魯开煇景高二百。」眉批：「『开』姓。」

韓勑脩孔廟後碑

「玄闕二字魯。」傅山改「二」字爲「一」字。

「足用渠英。」眉批：「渠。」

「尹丞駱景字子雲，河南熒陽人，道人潁川長□□□君直。」眉批：「道人。」

洪适釋云：「碑以『於氏』爲『於是』。」「『夢』卽『薦』字。」傅山改「夢」字爲「薎」字。

魯相史晨祠孔廟奏銘

「脩上案食餟具。」眉批：「『餟』卽『醊』。」

「刲乃孔子玄德煥炳，光於上下，而本國舊居復禮之日，闕而不祀。」眉批：「復禮。」

「自衞反魯，養徒三千，獲麟𧼯作。」眉批：「『𧼯』不識，本『趣』。『趣』。」

史晨饗孔廟後碑

「史君念孔瀆顏母井去市遼遠，百姓酤買，不能得香酒美肏。」眉批：「井。香酒美肉。」洪适釋云：「肏即肉字。」

「傚夫子冢，顏母井，舍及魯公冢。」眉批：「傚。」

隸釋卷第二

西嶽華山廟碑

「訨今垣趾營兆猶存。」眉批：「『訨』不知何字，或是『訖』字。」

「然其所立碑石，刻紀時事。」眉批：「『刻』即『刻』字耶？」

「秊斂吉祥。」眉批：「『秊』字即爾雅『揫』字，聚也。引鄉飲酒義『秋』字之義。」

「袁府君諱逢，字周陽，汝南女陽入。」傅山改「入」字作「人」字。

西嶽華山亭碑

「二年正月己卯，興就既成。」眉批：「『就』叶讀如『祚』聲。」

「神樂其靜，溺翬無形。」眉批：「儵翬。」

「戶曹掾巍嘗威。」眉批：「『巍嘗威』，『巍』字，豈是郡縣名耶？」

樊毅脩華嶽碑

「孟冬十月，齋祠西嶽，以傳窋狹，不足處尊卑。」傅山於「窋」字旁批：「窄。」又眉批：「『以傳窄狹』，後云『改傳飾廟』，則『傳』似今『郵傳』之義。」

「嘉瑞仍㿻。」眉批：「『㿻』似卽『畣』字。」

「泰氣旍香。」眉批：「香。」

「堯命伯禹，决江開汶，叱靈既宊。」眉批：「『宊。』『宊』字似『安』、似『定』，後白石碑『營宇既宊』作『究』字讀，不知是否。」

東海廟碑

「義民相阤，四面並集。」傅山於「阤」字旁批：「帥。」

「初縣典祠，雖有𣲖出附增之。」眉批：「『𣲖』，不知何字。」

桐柏淮源廟碑

「郡守奉祀，禬絜沈祭。」眉批：「禬。」

「弱而能强，仁而能武，□□晝𢻱。」傅山於「𢻱」字旁加「△」符。

「南陽太守中凶盧奴□君。」傅山硃筆改「凶」字爲「囚」字。

殽阮君神祠碑

「天地𡧍位。」眉批：「『𡧍』，定。」

「於是殽阮以爲之貟，承寫其流，北注謂渭。」眉批：「貟。」

「迄光和四年，佉路之歲。」眉批：「佉路。」

「但邵仲雲。」眉批：「『但』姓亦希。」

「丗禧元明。」傅山改「丗」字爲「田」字。眉批：「『丗』當是田。」

「王頌子雎。」傅山改「雎」字爲「雅」字。

「蓸遺升高。」眉批：「『蓸』姓。」

「劍翊子翊。」眉批：「『劍』姓奇。」

「田儷务和。」眉批：「儷。」

「慈仁安國。」眉批：「『慈』姓。」

殽阮碑陰

「蕺散字鵠伯鸞。」眉批：「『蕺』即『叢』，音『散』，何也？」

「蕺常德淵。」眉批：「『蕺』姓。」

「仈演仲瑨。」眉批：「『瑨』，不識。」

「救舉遂興。」眉批：「『救』姓。」

「救昘文曜。」眉批：「『救』姓。『昘』，不識，當即『昉』。」

「尹凉升和。」眉批：「凉。」
「略陽京師。」眉批：「略陽。」
「楊⿰巾官子□。」眉批：「『⿰巾官』，不識。或卽『悺』字。」
「王遠⿸厂早興。」眉批：「⿸厂早。」根批：「『⿸厂早』，不識。」
「芈選孟方。」眉批：「『芈』，華。」
「朱⿰王豆子紂。」眉批：「朱『⿰王豆』，不成字，當是『琔』。」
「帶宮阿宮。」眉批：「『帶』姓。」
「壽蓋阿蓋。」眉批：「『壽』姓。」
「略陽孝弟。」眉批：「略陽孝弟。」
「略陽子□。」眉批：「略陽子□，前有『略陽京師』，三『略陽』或是複姓耶？」

傅山於隸釋卷二末題：「宋趙衛雲麓漫抄一條曰：『青箱雜記載：南唐徐鉉至義興，讀太尉許馘碑，其陰有八字，云：「談馬礪畢，王田數七。」莫曉其旨，鉉以「黃絹幼婦」語意求之，曰：此謂「許碑重立」。義興犯本朝熙后嫌名，改宜興。予家先塋在焉。屢訪許碑不可得，邑人張駒千里云：「今縣治之南，有數叢冢，形制特大，圖經以爲許氏墓，上有一碑，字作漢張平子墓銘，篆沐，首云：『司農夫人劉氏，山陰人。』自後爲韻語，漫滅不可讀。所謂太尉碑，則不復可見矣。紹興丙子冬，過頤山，訪故人邵子門，有殘碑，云：『舟行許氏墓側，見此石，居民以爲浣垢之具，意謂人所棄而不有者。戲取以歸。索水洗而讀之，雖首尾不足，知其爲馘碑也。』其文云：『歷司農、衛尉、太僕，遂登太尉。』所謂『司農夫人』者，其馘之配乎？碑敍官爵，若『永樂少府』，悉漢氏所有；字古隸與今文相錯，舊隸漫處，則以今文足之，疑後人不認礲去舊文，以今文刻于漫處，所謂『許碑重立』也。因摹取墨本，跋其後，以返邵子，使之知寶此石，無使復有如予者，負之趨云。』」

隸釋卷第三

老子銘

「其土地欝蝓。」眉批：「『蝓』字無謂，當作『翕』。」

「孔子卒後，百廿九年，或謂周太史儋爲老子。」傅山改「儋」字爲「儋」字。

「或有浴神不死，是謂玄牝之言。」眉批：「浴神。」

「班固以老子絕聖棄知，禮爲亂首，與仲尼道違，述漢書古今人表，檢以法度，抑而下之。老子□與楚子西同秆。」傅山硃筆改「秆」字爲「科」字。又眉批：「今行漢書人物表則老子在『上上』，而楚子西在『中上』，全與此言不侔；『中上』有南榮趎，趎是老子之徒耳。」

「顯虛無之清家」。傅山於「家」字旁批：「冡。」洪适釋云：「『冡』與『寂』同。」

「乃守眞養壽，獲五福之所致也。」傅山硃筆改「致」字爲「致」字。

「頗違法言，先民之和。」眉批：「『和』字不叶，疑訛，或是『程』字來耶？」

洪适釋云：「碑云『延熹八年八月，帝夢老子，尊而祀之』。帝紀此年春冬兩遣中帝侍至苦祠老子。」傅山硃筆改末「帝」字爲「常」字。

洪适釋云：「此石立於延熹無疑，杜子美云『苦縣光和尚骨立』者，誤也。」眉批：「杜詩李潮八分小篆歌注師曰：『按：桓帝延熹年間詔立老子祠。光和乃靈帝年號，相去延熹十餘年，豈非祠立于延熹，而碑刻于光和乎？』師氏瞻也。」

楚相孫叔敖碑

「母曰：『若奈之何？』吾敖行數十步，念獨吾死，可，空復令他人見之死。」傅山於「敖」字旁批：「煞。」又眉批：「『空』字不知義。」

「溉灌坂澤。」眉批：「坂。」

「鐘天地之美，收九罣之利，以懸潤國家，家富人喜，優喑樂業。」洪适釋「喑」作「游」。眉批：「『喑』或即『謠』，不必輒作『游』。」

「高梱改幣，一朝而化。」眉批：「高梱。」

「破玉玦不以寶財遺子孫，終始若矣。」眉批：「矣。」

「辟患害於無刑，衛節高義，敦良奇兮。」眉批：「『衛』字文義當即『狷』字，然文亦有理近古。」

「遺武餘典。」眉批：「典。」

「恨不與戲皇帝代同世。」旁批：「戲。」

「世爲列娅，國有朝廷。」眉批：「娅。」

「貪吏而可爲而不可爲；廉吏而可爲而不可爲。貪吏而不可爲者，當時有汙名；而可爲者，子孫以家成。廉吏而可爲者，當時有清名；而不可爲者，子孫困窮披褐而賣薪。」傅山於句旁逐字加圈。又眉批：「此數句，較史記妙。」

「廉絜不受錢。」眉批：「錢字叶。」

「社稷□而欲有賞，必於潘國，不濕墝埇，人所不貪，遂封潘鄉，潘卽固始也。」眉批：「潘。」

孫叔敖碑陰

「延熹三年，歲在□□中夏之節，政在封表。期思長光視事一紀，訪問國中耆年舊齒，素聞孫君楚時良輔，本起此邦，垂名於後。博求遺苗，曾玄孫子，考龜吉辰，五月辛卯，宜以存廢，可立碑祀。」眉批：「卽此亦可作典？」

「興上窂祭。」傅山於「窂」字旁批：「牢。」

「丞左馮翊姓如諱武。」眉批：「姓如。」

「治產於績。」眉批：「績。」

「孫氏宗族別□謚紀也。」眉批：「謚。」

仙人唐公房碑

「耆老相傳，以爲王光居攝二年，君爲郡吏。」「王光」二字旁批：「王莽。」

「土域啖瓜，旁有眞人，左右莫察，而君獨進美瓜。」眉批：「瓜。」

「聟谷口山上。」眉批：「聟。」

「去家七百餘里，休謁往徠，轉景卽至。」眉批：「『徍徠』從『彳』無謂。」

「公房乃先歸於谷口，呼其師，告以危急。其師與之歸，以藥飲公房妻子，曰：『可去矣。』妻子戀家不忍去。又曰：『豈欲得家俱去乎？』妻子曰：『固所願也。』於是乃以藥塗屋柱，飲牛馬六畜。須臾，有大風玄雲來迎公房妻子，屋宅六畜翛然與之俱去。」傅山於「飲牛馬六畜」云云句旁逐字加圈。又眉批：「不必有其事而實可查。」

「公房舉家俱滑盛矣。」眉批：「『滑』字不知爲何音。似是『湑』字，『濟』亦『成』也。」

「癘蠱不遐，去其螟蜮。」下批：「傅山曰：『癘蠱不遐』，遐，遠也，於義疏。或如解不顯之，豈不則可矣。」

張公神碑

「唯和平元年，正月，□□朝歌長鄭郴造□。」眉批：「鄭郴。」

「舍和泰清。」傅山於「舍」字旁批：「含。」

「元亨利貞。」眉批：「『貞』下無『八』。」

「芝草茂木，潚潚滋榮，羣萌動㚇。」眉批：「㚇。」

「長與丞尉，超遷相囯。」眉批：「囯」。

「□神往來乘浮雲，種德收福惠斯民。」傅山於「種德收福」四字旁批：「古樸藏雋。」

「鹿呦呦兮□□庭，文樂樂兮□□□。」眉批：「傅山曰：『文樂樂兮』是賦鹿之斑彩，『樂』字當是『爍』『皪』之義。」

三公山碑

「觸石□雲，不崇而雨。」眉批：「『不崇』，不崇朝也。去『朝』文義不達，古人逕用之。」

「禽獸□□，億兩爲耦。」眉批：「『獸』字從『内』極有理。」

「凶□窮窕。」傅山於「凶」字旁批：「囚。」

「風雨時節，農□執耜，或耘或芋。」眉批：「『耔』作『芋』。」

「君姿前喆，喬杋季文。」傅山於八字旁批：「言其資質如先賢之子產。喬札，季文子也。」眉批：「『姿』卽『資』義。『喬杋季文』謂『僑札季文』，『喬』少『亻』，『杋』多『丿』。字之不全合，多尔。」

無極山碑

「常山相巡，遣吏王勳三□弘裦，詣三公山請雨。」眉批：「『裦』當卽『褎』。」

「山神卽使高傳言：令勳裦歸，□雨可得。」眉批：「『山神卽使高傳言』，何誕也！豈非今『馬子』類乎！至今趙地極多有此人。」

「國相巡、元氏令王翊各白芊塞神山，復使高與遷及縣吏和卞，俱詣大常。」眉批：「『高』是『蓋』字，『遷』卽范遷。」

「臣疑高遷言不實，輒移本國□霰。」眉批：「『霰』從『雨』，大乖。」

「今常山相書言，部督郵書掾成熹㝵訊實。」眉批：「㝵。」

「各言無極山與天地俱生，肑上至體可三里。」眉批：「肑。」

「如癸酉、戊子詺書故事報。」傅山於「詺」字旁批：「詔。」

「大尚承書從事。」文末批：「『大尚承書从事』，『尚』卽『常』。」

「元氏縣有先呰三公封龍靈山，已得法食，而獨未光和四年。」「獨未」「光和」之間旁批：「此處應有闕文。」

「所子大男蓋高、上黨范遷奏記大常。」眉批：「所子大男。」

「每國縣水旱，及民疾病禱祈，輒應旹有報，又有終南之敦物。」眉批：「敦物。」

「更造神廟，峨祐祠宫。」「峨」旁批：「恢。」

「倉氣蔚伊，□碩硎礙，𨻗□𡾭漼。」眉批：「碩硎。𡾭漼。」

「肅植齊壷。」眉批：「『植』字不知的爲何音。『壷』即『壺』。」

「酒必嘉㮚」。眉批：「『㮚』即『㮚』。」

「我君高□，泉多子孫。」眉批：「『泉』，當是『衆』字之訛。」

洪适釋云：「碑云『有終南之敦物，岱宗之松，楊越之篠蕩』，蓋以『敦物』爲終南所産，與松篠同科。今經史多作『惇物』，注云『山之名也』。」眉批：「『敦物』，禹貢孔傳：『惇物，垂山也。』地理志：華山，古文以爲『敦物』。光和年間尚有不見孔傳之人乎！抑説：書者原自不同，别有『敦物』之説乎？卽以『敦物』爲山所出，『敦物』亦非一物名。蓋謂終南山中厚有出産之物，不可一一枚舉也。」

白石神君碑

「光和四年，三公守民蓋高等始爲無極山詣大常求法食。」眉批：「蓋高。」

「相縣以白石神君道德灼然。」「相縣」二字旁批：「國相及縣令。」

「營宇既㝎。」「㝎」字旁批：「定。」

洪适釋云：「漢人分隸，固有不工者。」傅山圈去『者』字，眉批：「『分隸』是『八分』，亦稱『隸』也。」

「此碑雖布置整齊，略無纖毫漢字氣骨，全與魏晉間碑相若，雖有光和紀年，或後人用舊文再刻者爾。」文末批：「今碑文末又添一行，曰：『燕元璽□年。』元璽是慕容儁□號也。」

隸釋卷第四

蜀郡太守何君閣道碑

「范書光武之紀年二」。傅山於「范」「書」之間批：「曄」。

「亦見⿰松阝閣碑。」傅山改「⿰松阝」爲「郙」。

「云危就安。」傅山改「云」爲「去」。

青衣尉趙孟麟羊竇道碑

「騎馬儋負。」後二字旁批：「儋負。」

「莫不冡恩。」「冡」字旁批：「蒙。」

「盜賊徵止。」「徵」字旁批：「懲。」

「書此盛巨，永元十一月九日造。」下批：「『巨』字下得亦奇古。」

司隸校尉楊孟文石門頌

「川有所通余谷」。後二字旁批：「斜谷。」

「高祖受命，興於漢中，道由子丈。」「丈」字旁批：「午。」
「出散入秦。」「散」字旁批：「『散』即『散』邪？」
「以漢詆焉。」「詆」字旁批：「抵。」
「平阿涼泥。」眉批：「『涼』是甚字？」
「常蔭鮮晏。」「蔭」字旁批：「陰。」
「木石相距，利磨確磐。」根批：「『磐』即『磐』字，古『般』字作『肞』。」
「臨危槍碭。」旁批：「愴愓。」
「遭㝵弗前。」旁批：「滯礙。」
「悳宊蔕狩。」旁批：「惡□蟯獸。」
「稼苗夌殘。」「夌」字旁批：「夭。」
「廢子由斯。」根批：「『子』謂子午谷也。」
「奉魁承杓。」旁批：「古文奧語。」
「㾯弘大節。」根批：「『㾯』，恢，𠩺。」
「上順圩極。」「圩」字旁批：「斗。」
「五官掾南鄭趙卲字季南，屬褒中鼂漢彊字產伯。」「鼂漢彊」旁批：「當時三字名耶？」

廣漢長王君治石路碑

「惟石部官，國之琭寶，衝冲路危險，俠石磐岩。」根批：「此『磐』字便大了了。」
「歷世彌久。」眉批：「彌。」

「𠫓危就安。」傅山改「𠫓」字爲「去」字。根批：「『𠫓』如此便當『去』字邪？」

武都太守李翕西狹頌

「鏤燒破析，刻臽確嵬。」根批：「『破析』之『析』義亦不解。」
「穆如清風，乃刋斯石。」「刋」字旁批：「刻。」根批：「『刻』字作『刋』。」

李翕析里橋郙閣頌

「谿源漂疾，横柱于道。」「柱」字旁批：「注。」
「經用衧沮，涅縣士民。」於洪适釋文末批：「『衧』、『涅』不知義。」
「又醳散關之嶃漯。」眉批：「『關』。『漯』即『溼』。」
「從朝陽之平燈。」眉批：「『燈』即『燥』。」
「香風有鄰。」旁批：「妙語。」

桂陽太守周憬功勳銘

「撫集烝細。」根批：「烝細。」
「湍瀨溘溘。」眉批：「蓬盛碑『𧈡克岐嶷』，『𧈡』即『蚤』字，『溘』當是『溞』，然『溞』不見説文，他書有之，釋同『滫』，于水聲洶涌之義躁。」
「臚睦不相知。」根批：「臚睦。」又眉批：「艫𦨴。」
「往古來今，變甚終矣。」眉批：「變甚終矣。」

「迺命良吏將眴。」根批：「『眴』當作『帥』字。」
「懿賢后兮發亘聖字英。」眉批：「亘。」
「開切偲兮導曲機。」書眉書根分別批：「偲。」

周憬碑陰

「故行事末陽犖夏字漢威。」根批：「『犖夏』當卽『華夏』。」

隸釋卷第五

溧陽長潘校官碑

「不賁自畢。」傅山於「賁」字旁批：「賁。」
「石尉豫章。」傅山改「石」字爲「右」字。

梁相孔耽神祠碑

「厥先出自殷烈，殷家者質。」眉批：「『者』字用别。」
「舞土第茨。」根批：「『舞』卽『無』義。」
「慈仁質桷。」眉批：「桷。」
「精靜訴信。」「訴」字旁批：「誠。」

「天授之性，飛其學也。」眉批：「『飛』即『非』。」
「故舞魂構。」「舞」字旁批：「無。」
「惟蓼儀以愴悢。」「儀」字旁批：「莪。」
「恃閫郭藏。」眉批：「閫。」
「造作堂穿。」洪适注：「『穿』即『字』。」傅山改「字」字爲「宇」字。
「小弟升高遊𤆍畜積。」「𤆍」字旁批：「『𤆍』義似『費』。」眉批：「『𤆍』如荒亡之『荒』，
『𤆍』即『𤆍』，『𤆍』即倒古文『𠫓』字。說文曰：『不順，忽出也。』『𤆍』又恐是『字』。」
「姘如義合。」下批：「舛。」
「木生連理，求體一焉。」「求」字旁批：「成。」
「下則向人。」下批：「『向』，何字？容。」
「上則洪茂馨卓。」眉批：「『卓』似當作『香』義。」
「行事儆殼。」旁批：「假穀。」
「黃髮云耇。」旁批：「此『云』又何解？」眉批：「『云耇』不音。以『黃髮』下連讀，當是
『兒齒』字，而『云耇』迥異，『云』又與前『遊云』字書同。」
「背有胎表。」「胎」字旁批：「鮐。」
「功賦合出世萬。」「世」字旁批：「卅。」
「幷作畜郭。」下批：「畜郭。」

漢成陽令唐扶頌

「南陽弟司空公在朝逶隨正色。」「司空」旁批：「唐珍。」

「底究羣典，戔紐士進。」眉批：「『戔紐』何說？」

「捺孯君車。」「孯」字旁批：「牽。」

「君臣流涕，道路琅玗。」眉批：「『琅玗』何義？」

「如山如厎。」下批：「岱。」

「秉鍂據衡。」下批：「『鍂』，字無兩金之文，必是『銓』字。」

巴郡太守張納碑

「綜覽責典。」洪适注：「『責』耶『墳』字。」傅山改「耶」作「卽」。

「自君到官也，勤思乾乾，□□暇怠。」根批：「食。」

「熇時菁麗。」眉批：「菁。」

「旌甄秀異。」「旌」字旁批：「旌。」

酸棗令劉熊碑

「勤恤民殷。」洪适注云：「殷爲隱。」眉批：「『殷』爲『隱』，孔耽碑則『殷』直作『殷』字讀。」

「貪究革情。」洪适注云：「『究』爲『穴』。」旁批：「『究』字異，卽『穴』字耶？」

「𦉰芳旁布。」根批：「『𦉰』字亦異。」

「勞苦不均，爲作正彈。」眉批：「正彈。」根批：「『正彈』二字之義，惜無解。」

「猗歟明括，秉德之樞，養□之福，惟德之偶。」「偶」字旁批：「隅。」

劉熊碑陰

「故郎中討弘。」眉批：「『討』不識。」

「故□事君仇方孟餎三百。」眉批：「君仇姓。」

「故郡曹史李豫妙高二百。」眉批：「字妙高。」

「故功曹三頌季寧二百。」眉批：「『三頌』，『三』姓耶？或『王』之譌？覓善本校。以『頌』字看，自是『三』字。」

「從掾位搿横公節三百。」眉批：「搿。」

「處士玉□德讓五百。」眉批：「『玉』姓。」

「處士王鍾叔璜五百。」眉批：「鍾。」

卷五十二　隸釋批注（中）

隸釋卷第六

景君碑陰

「弟子齊國臨菑宋成字子賔。」眉批：「『菑』，菑。」

郯令景君闕銘

「父步兵校尉，業門徒上録三千餘人。」根批：「業。」

「終始無衍。」根批：「愆。」

國三老袁良碑

「纘神𠠱之洪脵。」眉批：「脵。」

「銘書辟□□可父事。」「可父事」三字旁批：「此應後詞作帝父事。」

「羣司以君父子俱列三臺，夫人結髮上爲三老。」「夫人結髮」旁批：「此句何謂？」

「朕疢心以戎。」眉批：「『朕』不知何字，似『脵』字，但下三書耳。」

「佩書刀、繡文印衣、磿極手巾。」根批：「『磿極手巾』不知是何物。」

「刊石作銘，其辭曰：飛清邈，紛其厲。跨高岊，山字。鋪雲際。作帝父，振沙濊。登華龍，眺天坐。」「飛清邈」三字旁加圈。「作帝父」旁批：「『作帝父』何義？」眉批：「『坐』字叶韻當如聚。」根批：「岊。」文末批：「『飛清邈』三字奇奧。詞全古。」

洪适釋云：「碑云：袁生當秦之時隱居河洛。」句旁逐字加圈，並旁批：「水經云『扶溝有袁良碑』者，誤也。」

北海相景君銘

「英彥夫疇，列宿虧精。」「夫」字旁批：「失。」

「歔欷促佪」。眉批：「『促』凡押『佪』字上，當是『低佪』或『裵佪』。『促』字與『裵』遠，當是『低』字小訛耳。」

「宜絫鼎𨋢。鼎批：『𨋢』，字書無，而義極有理。」

敦煌長史武班碑

「商周假貇。」旁批：「遐邈。」

「慈惠寬□。」眉批：「『寬』字從『心』。」

「孝友玄妙。」旁批：「『孝友』下著『玄妙』二字。」

「庰仰其首。」根批：「庰。」

「齊國臨畺。」眉批：「『畺』，淄」。

洪适釋云：「同舍郎史恢曹芝六人所立，字小石損。」根批：「下脫。」

孔謙碣

「修⿱山春秋經。」傅山改「⿱山春」作「⿱山春」。

「升堂講誦，深究聖㕑。」「㕑」字旁批：「指。」

議郎元賓碑

「摛翰著作。」根批：「『摛』當爲『摛』字。」

「罣聖朝旌勳。」眉批：「罣。」

中常侍樊安碑

「爲之噀舌。」傅山改「噀」作「噀」。

「世政促峻。」眉批：「『世政促峻』句亦兀奥。」

「寵台印綬。」傅山改「台」作「㠯」。

隸釋卷第七

冀州刺史王純碑

「君天資才敏，行不⿰白各而達。」眉批：「⿰白各。」

「或有罪過，微刑輕笐。」眉批：「『笐』，不識，或『笞』。」

「湅餧之患，勑大司農徹易衣疢。」根批：「『疢』字古。」

「君請詔衺豫，督趣軍糧。」「衺」字旁批：「究。」

「命使□善緧。」根批：「緧。」

洪适釋云：「趙氏云：碑陰有東平馮定伯凡百餘人，可識其題。義士云『各發聖心，共出義錢』。」旁批：「『各發聖心』，可笑。」

泰山都尉孔宙碑

「祗傳文教，尊賢養老。」眉批：「『傳』字，碑文本作『傳』字，卽『敷』字也，不必因有『亻』旁而作『傳』。」

「乃擢君無戎。」「無」字旁批：「典。」

「田畯喜於農圃。」眉批：「今行碑『農圃』作『荒圃』。」

「於开時廱。」眉批：「『开』是『變』字耶？碑文『开』作『开』，古拙風流之極，似是『弁』字，而以『弁』爲『變』，用同聲耶？四字皆用古成語，獨一『开』字在中，不知當何讀也？」

「門生北海劇如廬浮字遺伯。」眉批：「如廬。」

「故吏北海都昌殖章字文理。」眉批：「殖。」

「弟子山陽暇企丁琣字實堅。」眉批：「琣。」

山陽太守祝睦後碑

「自爇幸。」眉批：「『幸』何謂？」

「君齓踡入學。」「齓」字旁批：「亂。」

「□綜百家，文豔彬彧，淵然深識。」眉批：「『豔』字在漢碑中絕少用者。」

「怕然執守，躬潔冰雪，不然清皓。」旁批：「此處用『不然』二字，何謂？」

「谡身衡門。」「谡」字旁批：「退。」

「附庸妝同。」「妝」字旁批：「攸。」

「幣以葭蕟。」眉批：「蕟。」

「德合乹」。眉批：「梘。」

「琣令香」。眉批：「琣。」

荆州刺史度尚碑

「交化潛洞。」眉批：「『交』即『玄』字，而書垂直一書。」

「殊俗賔服。」眉批：「賔」即「賓」，與臧伯著碑『賔沒』之『賔』相似，而此則義取『賓服』。」

「顊貪厥重。」眉批：「『顊』不識，疑『朝』之訛。」

「匪䙆是榮。」洪适注云：「『䙆』即『禒』。」根批：「『䙆』爲『禒』，太遠，必『䙆』之少訛。」

「乢截字。彼海外。」眉批：「乢。」

洪适釋云：「此碑既以荆牧題其首，又不見宰文安、守秨陽及初拜荆州事。」傅山改「秨」作「柱」。

「此碑在湖陵荒野。政和壬辰巡檢王當世見之，始遷于官廨。其後邑令滕君欲徙碑於沛，舟三載而三覆。」旁批：「亦怪事矣。」

「替粎亯禯憂績。」傅山改「績」作「繢」。

車騎將軍馮緄碑

「縣有馮緄及桂陽守李温家。」傅山改「家」作「冢」。

洪适注：「『褒瑩謚』卽『表塋溢』字。」傅山改「溢」作「謚」。

沛相楊統碑

「鐫石立碑，扐銘鴻烈。」下批：「『扐』古拜切，似卽『刊』字之少溢耳。」

「其德伊何窋忠亯力。」眉批：「窋。」「亯」旁批：「克。」

楊統碑陰

「故辭曹史鄲公孫銀字仌裎。」眉批：「『裎』字不識，恐是『根』之訛。」

竹邑侯相張壽碑

「明允篤信，敦悅經睢。」根批：「『睢』是『雅』譌。」
「蛩斑敍優。」根批：「『蛩』卽『竪』字。」
「謁者贊衛王臺叓。」眉批：「『叓』卽代『屢』字。」
「將授轓邦。」眉批：「轓。」
「君常懷色斯，舍無宿儲。」眉批：「『常懷色斯，舍無宿儲』，儁句。」
「旄兮禮挌。」旁批：「招。」
「遘眹無瘳。」傅山改「眹」作「疾」。

隸釋卷第八

衛尉衡方碑

「夷愍之貢。」旁批：「『夷愍』何義？」
「經常伯之賫。」旁批：「賚。」
「䗪江太守。」根批：「『䗪』之從『疒』，黄庭本此，非右軍之作。」
「速郅。」旁批：「郵。」
「置州舉尤異。」眉批：「『置』是『置』之訛。」

「國外浮誐，淡畟繆動。」眉批：「誐。淡畟。」
「恩降乾杢。」眉批：「杢。」
「高旳神武。」傅山改「旳」作「朗」。又旁批：「或卽『郎』字。」
「能惩能惠。」「惩」字旁批：「恐是『悊』字。」

冀州從事張表碑

「高朗令蝠。」傅山改「朗」作「朗」。
「類榘未合。」眉批：「『類』卽『規』。」
「僉以爲洪德宜演述，儀載彌以新，功烈不讚紀，後來無所聞。」旁批：「忽成五言四句。」

金鄉長侯成碑

「謚曰安國君。曾孫酺封明統侯。」眉批：「安國君。明統侯。」
「君叡精謙畟。」傅山改「畟」作「霻」。

孝廉柳敏碑

「故孝廉柳君，諱敏，字愚卿，其先蓋五行星仲廿八舍柳宿之精也。」旁批：「可笑之極！」
「儁佶追歿。」傅山改「儁」作「僑」。又眉批：「僑。」

淳於長夏承碑

「黼黨。」旁批：「策勳。」

「所歴。」旁批：「在。」

「轓軒六轡。」眉批：「『轡』字從『心』。」

「永歸蒿里，痛矣如之。」眉批：「『如之』亦可笑句。」

慎令劉脩碑

「素苦風痹。」旁批：「痹。」眉批：「『痹』少田字中縱書。」

博陵太守孔彪碑

「考衷度衷。」眉批：「考中度衷。」

洪适釋云：「此碑作文，多用經傳語。『考中度衷』，周調有之。」〔二〕

「仁必有勇，可以託六，授命如毛。」「託六」旁批：「可笑。」「如毛」旁批：「亦可笑。」眉批：「可以託六，授命如毛。」

「傅昌長。」傅山改「傅」作「博」。

〔二〕此處有清盧文弨眉批：「文弨案：『調』乃『語』之訛，謂外傳也。」原書批注文中，尚有個別手跡與此筆體相似者，但未注明「文弨案」。

「白日攻剄。」旁批：「剽。」

「彌流。」眉批：「『彌流』卽『彌留』。」

「易建八卦，揆𢀡毄辭。」眉批：「『𢀡』，多下有耳，卽爻字也。」

「彭祖賦詩，皆諸所見。」眉批：「彭祖賦詩。」

「宜乎三事，金鉉利貞。」眉批：「『金鉉』而綴『利貞』，漢碑文多尔。然細讀之，如利義和貞事幹，亦無不可。」

洪适釋云：「碑以『肴』爲『文』。」傅山改「文」作「爻」。「『折』卽『拯』字。」傅山改「折」作「拼」。

隸釋卷第九

北軍中侯郭仲奇碑

「感兄疾，電捐官。」眉批：「『電捐官』三字亦別。」

洪适釋云：「郭君聞兄之疾，則捐官，恐妨其弟而辭位，故有惠兄順弟之目而歷載之棣華，蓋可想也。」「惠兄順弟」旁批：「傅山曰：此卽仁兄仁弟之稱，不必輒說爲郭君惠之順之也。」

故民吴仲山碑

題下批：「此碑凡字帶『又』字者，皆作『ㄋ』。」

「吳公仲山，少立名迹，約身剻己。」眉批：「『剻』，不知从『刀』也？从『丩』也？」
「節度無隻。」旁批：「隻。」
「還與垂彌。」眉批：「彌。」
「□□□㐹襘遺孤。」旁批：「收。」
「受恩者無販。」旁批：「販。」
「䓟報社里。」「䓟」字下原注：「效字。」傅山改「字」作「字」。
「高殿槵觀。」眉批：「無極山碑『茂林悤青』，『悤』即『葱』字。此『槵』字從『悤』，似即『𢠵』字。」
「如有空務。」旁批：「缺。」
洪适釋云：「碑以『禍夫』爲『禍歿』。傅山改「夫」作「央」，改「歿」作「殃」。
洪适注「『闕』即『闋』字」。傅山改『闕』作『闋』，「『叱』即『以』字，『庭』即『庭』字」云云。文末批：「尚多奇字，釋未盡也。」

司隸校尉魯峻碑

「博覽羣書，無物不栞。」眉批：「『栞』即刊本之栞，是格物之學也。」
「東郡頊丘令。」「頊」字旁批：「頓。」「令」字旁批：「令。」
「榷然疏發。」眉批：「『榷』，後銘有『爲國之榷』，字區有解。」
「弜中獨斷。」根批：「傅山曰：『弜』即『弸』字，弓强也。」眉批：「弜。」
「斦薪弗何，悲蓼蕘之不報。」根批：「『莪』從『義』，古妙。」眉批：「斦。」

「外撮强虡。」根批：「『虡』，虐。」

「當□緄職，爲國之榷」。眉批：「『國榷』亦奇。」

「遐邇忉⿰忄到。」眉批：「⿰忄到。」

「永傳億齡，㬇矣的的。」下批：「『的』爲『灼』」。

「洪适注曰：「碑以『栞』爲『看』。」下批：「以『栞』當『看』之解可笑。」

廣漢屬國侯李翊碑

「幼有貞恪謙約之操，長柯芬芳，成人之行。」眉批：「『柯』猶『柄』也。用字儁。」

「克勤和顏，名顯近遠，論者稱焉。郡守嘉貪，禮請署督郵。」「嘉貪」云云下批：「賓。『貪』字何爲？似猶嘉其行顏而貪愛之也？」

「竭孝道以送終，慪松栢而憔形。」眉批：「『慪』不成字，疑『撫』之訛。」「慪」字旁批：「不成字。」

婁壽碑陰

「故督郵婁尌生五百。」眉批：「『尌』，封。」

「豦士鄧叔敬二百。」眉批：「字幼碧。」

「故從事南郡許孔假三百。」「假」字旁批：「似『俊』字。」眉批：「假。」

繁陽令楊君碑

「教學吏士，精橫侍者常百餘人。」眉批：「『精橫』，『橫』與『黌』同。」

「助官濟貧，以乞還君。」「乞」字旁批：「乞。」

「州郡嘉異，並上絕逋。」眉批：「逋。」

「有司聳昧，莫能識察。」眉批：「生而聾曰聳。」

「頎不審眞，莫肯慰楊。」眉批：「用『頎』字不醒，有解在雜抄矣。」

繁陽令碑陰

「故功曹史成功豫伯舉。」眉批：「『成功』，姓。」

「故民吳方季還，至孝涅夒君威。」眉批：「『至孝』，想是舉過『至孝』者，如此名稱亦覺不堪。」

「故民叓進仲進。」眉批：「叓姓。」

「雺士逯壤德瑋。」眉批：「逯姓。」

堂邑令費鳳碑

「黔民作卤。」眉批：「虐。」

「爾化。」眉批：「『爾』，『舜』字耶？」

費鳳别碑

「曰陵石勯。」「曰」字旁批：「甘。」眉批：「『勯』是何音？」

「仰之以彌高，鑽之而彌堅，不堪卣且思，叙詩之一篇。」眉批：「『卣』不成字，或是『哀』字耳。」

「世德龝爵。」眉批：「『龝』即『襲』。」

「悠遐祖之鴻軌。」眉批：「『悠』字不識。」

「乾乾日䄮，矜以黔首。」眉批：「李翕郙閣碑有『劬勞日䄮』，即『昃』。」

「白駒以潀陧。」眉批：「『潀陧』。『白駒』似同詩『白駒』之義。『潀陧』兩字不解的是何字。」

「不䎱奄忽終，藏形而匿景。」眉批：「『䎱』即『悟』。」

「悠悠歌黍離」。眉批：「『悠』即『悠』，多『工』字。」

「惼惼之臨冋」。眉批：「『惼惼』以『臨穴』注之，當即『惙惙』。」

洪适釋云：「碑『以辟爲叶』。」傅山改「叶」作「辟」。

隸釋卷第十

太尉陳球碑

「睢頌情指。」「睢」字旁批：「雅。」

陳球後碑

「凡墳素遺訓，聖賢立言，掬精極微。」眉批：「『掬』字亦別，恐是『探』字。」

「親阠吏士。」「阠」字旁批：「阠。」

「會孝桓皇帝崗。」眉批：「『崗』，崩。」

童子逢盛碑

「啞嗡不反。」「啞」字旁批：「噓。」

「命有悠揑。」根批：「修短。」

逢盛碑陰

洪适釋云：「右今人表有逢於。」傅山改「右」作「古。」

安平相孫根碑

「大亞戒仁。」眉批：「『戒』似卽『戕』。」

「聖囗安周。」眉批：「『安』，定。」

「東朡立朝。」旁批：「犨。」

「堅朝。」眉批：「『堅』卽聚。」

「聖上貪暱。」根批：「漢碑往往用『貪』字，猶言愛也。」

「同胞惻愴。」旁批：「胞。」

洪适釋云：「右漢故安平相孫府君之碑，隸額，在密州。」「比干墓在衛州汲縣。其俗立三仁像，併商紂謂之四王廟。」旁批：「此廟亦太苦紂了。」「以四月日爲比干誕日，承平時祠具甚盛。雖千古尊仰，英風敬事不懈。沒而有靈，必不與獨夫共此血食也。」旁批：「此必然在比干之心，非後常人。」「漢和帝時，賈魴用隸字寫三倉，隸法由滋而廣。蓋八分爲小篆之捷，隸又八分之捷。」眉批：「八分與隸微別。」

孫根碑陰

洪适釋云：「異姓有王劉數人雜其間，豈和相戚乎？」傅山改「相」作「姻」。

涼州刺史魏元丕碑

「廷枡績，特拜左丞。」眉批：「『枡』似卽『科』。」

「每在選舉，遜讓匪石，鑽前忽後，逐耽恩舊章。」「恩」字旁批：「思。」

「西羌放動，餘類未輯。」眉批：「輯。」

「乃與門生平原曹鉌。」根批：「鉌卽鉌。」

司隸從事郭究碑

「幼而有跲，孝弟恭肅。」眉批：「『有跲』何義？」

「君其趆諸辟司隸從事。」眉批：「『趆』似『越』字微僞。」

「靈衹貪哀。」根批：「又用『貪』字。」

幽州刺史朱龜碑

「授手乞降。」旁批：「乞。」
「晉靡潛亏。」眉批：「晉。」

外黄令高彪碑

「敏逵義理恢廓」。眉批：「『逵』，達。」
「其辭曰：光光高君，命世作蕃，流化外黄，貨笞藋檀。」眉批：「『貨笞』。『貨』以他碑『笛』字攷之，則當即『貰』字，於義不合。『笞』即『笛』，偶脱『口』中一畫。」

隸釋卷第十一

太尉劉寬碑

「佱浮雲之志，三公莫能致之。」眉批：「『佱』或是『伉』字。」
「惻隱之誠，通乎神人，故能去鞭拊如獲其情。」旁批：「『如』即『而』。」
「公印觀見像。」「印」字旁批：「仰。」
「封逯鄉侯。」眉批：「『逯鄉』本傳無注，郡國志亦無此鄉名。」

「謚曰昭烈侯。」眉批：「謚法：頌儀恭美，昭德有勞，聖聞周達，並曰昭。有功安民，秉德尊業，並曰烈。」

劉寬後碑

「公以對茼嘉當。」「茼」字旁批：「策。」「當」字旁批：「讜。」

「帝載粤熹，寢疾遜位。」「粤熹」旁批：「二字何說？」

小黃門譙敏碑

「恥與鄰人廱竝拾驅。」「廱」字旁批：「羼。」

洪适釋云：「又云：『恥與鄰人羼竝拾驅。』說文：『羼』，昔劾。」傅山改「昔」作「音」。

洪适釋云：「一云傍入曰羼。『拾』音洽，劍押也。此句蓋是不與羣閹冠劍並驅之意。」眉批：「曲禮：『拾級聚足』，同『涉』。以此解之極當。洪解迂甚。」

圉令趙君碑

「其辭曰：天寔高，唯聖同。戲我君，羨其縱。體弘仁，蹈中庸。」「天寔高」旁批：「句拙。」

巴郡太守樊敏碑

「天頣亶甫。」眉批：「『頣』，戹即如今『頤』旁之戹。」

「濯冕題剾。」眉批：「金石錄作『題冠』。」

「布化三載，亶離毋憂，五五斷仁，大將軍辟。」眉批：「『五五斷仁』亦奇句。」
「舉直錯枉，課思舊制。」洪适注：「碑以『譚思』爲『燂思』。」傅山改「燂」爲「覃」。
「喜怒作律，案罪殺人。不頗倡儌，告子屬孫。散若此者，不入墓門。」「散」字旁批：「敢。」
眉批：「『散』字不通，或『敢』之訛。」
洪适注云：「『頌』即『顧』字。」傅山改「頌」作「頗」。

益州太守高頤碑

「泣而忉恆。」傅山改「恆」作「怛」。
「囯作頌曰。」根批：「囯」。

綏民校尉熊君碑

「治歐羊尚書，六日七分。」眉批：「『六日七分』。東漢書郎顗傳：『顗父宗學京氏易，善風角、星筭，六日七分。』注：易稽覽圖：『甲子卦氣起中孚，六日八十分日之七。』注云：『六以候也。八十分爲一日七者，一卦六日七分也。』」
「牧侯□莾。」眉批：「『莾』不識。」
「裒莅五年。」眉批：「『裒』即『復』字，下『夊』轉寫訛耳。」
「遂圅延祖。」眉批：「『圅』似即『爾』字。」
「昊天忽然，枕榮終祐。」眉批：「『枕榮終祐』何義？」
「追敍君兮懷純精，名稱於州里兮樞機發。」眉批：「頌韻不全叶。」

它刻，洪适釋云：「其敍先世但云某君之孫、某君之子，既不名其父祖，亦不著其德美。此碑獨異於言伯叔祖也？」高曾之間，又有祖父旻，其上闕文，蓋伯叔祖也。」眉批：「曾祖之上所闕文當是高字，何

梁相費汎碑

「其先季文，爲魯大夫，有功，封費。」「文」字旁批：「友。」

「延究冒者，被病遜位，春秋八十卒。」眉批：「『冒』不識。以『八十』言，上當云『耄者』。」

高陽令楊著碑

「愛若冬日，畏如龘旻。」眉批：「龘。」

楊著碑陰

「平原孫伯仁。右後公門生。」「後」字旁批：「秉。」

「勃海高文歂。」眉批：「歂。」

「右沛君門生」。「沛」字旁批：「統。」

「河東任歂河」。眉批：「『歂』，長。」

「河東賞威立」。眉批：「『賞』姓。」

卷五十三　隸釋批注（下）

隸釋卷第十二

太尉楊震碑

「聖漢龍興，楊憙佐命，克項於域。」眉批：「『域』，垓。」

荊州從事苑鎮碑

「先公門之忠，盡節君父，遂登朝階。」眉批：「『遂』，不識。」

「靖供衙上。」傅山改「供」作「供」。

執金吾丞武榮碑

「屯守玄武，感哀悲慟。」眉批：「慟。」

「癋乎我君，仁如不壽。」「如」字旁批：「而。」

督郵斑碑

「翁禀中和之匹氣。」「匹」字旁批：「正。」

「樂古⿰耳亢道。」「⿰耳亢」字旁批：「耽。」

戚伯著碑

「昰時寵特進朝侯大僕光祿侍束。」「昰」字旁批：「是。」「侍」字旁批：「特。」「侍束」二字旁批：「侍中。」

「調官。」「官」字旁批：「官。」眉批：「『官』字從『穴』。」

「泉晁府晁。」眉批：「『京』作『泉』，『兆』作『晁』，『丞』作『⿱日丞』。」

「學事丈略。」洪适釋云：「夫卽才字。」傅山改「夫」作「丈」。

「通粂墨。」眉批：「『筆』作『粂』。」

「始謂復龜銀之緒而乎大歲丁死。」「而」字旁批：「『而』字何文？」「死」字旁批：「亥。」

眉批：「『而乎』或是『天乎』。『緒』字句。『天乎』下連『大歲』。」

「娉妻宋氏。」「宋」字旁批：「卽『朱』字耶？」

「旬期著橫遇躳。」「躳」字旁批：「邪。」

相府小史夏堪碑

「苛獲縣選，初涉府朝。」眉批：「『苛』字何義？然有味。」

「望浮雲，跰尺水。」「跰」字旁批「△」符號，眉批：「跰。」

李翊夫人碑

「繼姑入室，勤養撈撈。」「撈撈」二字旁加圈。

「育理家道，羣宗爲軒。」「軒」字旁批：「舉也。」

隸釋卷第十四

石經尚書殘碑

「凡厥庶民無有涇亙。」眉批：「『涇亙』，淫朋。『朋』字逕差作如此形。」

洪适釋云：「堂谿與。」傅山改「與」作「典」。

石經公羊殘碑

「臣傅楨雜。」眉批：「傅楨。」下批：「『雜』字何爲？」

洪适釋云：「漢汪引陸機洛陽記云。」傅山改「汪」作「注」。

學師宋恩等題名

「文學掾猶玉子朝。」眉批：「姓猶。」

「文學師程順元呆。」眉批：「呆。」

「法曹史舒邳彦万。」眉批：「『万』字是『方』字少一點邪？」

「㙻曹史□□。」根批：「㙻。」

「广曹史。」眉批並根批：「广。」

隸釋卷第十五

賜豫州刺史馮煥詔

「去年鮮卑連犯鄣塞」，「過掩卒搗殺」。眉批：「搗。殺。」

「洪适注曰：『「搗繇」即「擣擊」。』」傅山改「繇」作「殺」。

蜀郡屬國辛通達李仲曾造橋碑

「惟延熹龍在甲辰三月甲子，傷民隶集滑月扶欘。」眉批：「『隶』。清河相張君後刊隸字之異者有『秉』字作『隶』，此『隶』或是『隶』之小訛，然無義。」

廣漢太守沈子琚緜竹江堰碑

「水田池中通利便好。」傅山改「田」作「由」。

今廣延母徐氏紀產碑

傅山題中「今」字爲「金」字。

「又少入金氏門承清淦之後訾業□□□□步也。」眉批：「淦。」

都鄉正衛彈碑

洪适釋云「右都鄉正衛彈碑，水經作『衛爲』，在汝州昆陽城中。」「酸棗令劉熊碑云：『愍念烝民，勞苦不均，爲作正彈，造設門更。』此云『都鄉正衛彈』者。」眉批：「『正彈』，彈字不解何義。」

隸釋卷第十六

武梁祠堂畫像

洪适釋云：「子案：任城有從事椽武梁碑。」傅山改「子」作「予」。

四老神坐神祚机

洪适釋云：「右『神坐神祚机』凡四。楊子雲法言曰：美行園公綺里季」云云。「公綺」之頁眉批：「脫一葉。」

隸釋卷第十七

州輔碑陰

洪适釋云：「叔堅亦不得而拒。」旁批：「如而不拒，必無道理。」

「此碑所題乃十有三人。在内則令公車、丞光禄，居郎位。在外則守上黨，相細陽。小者亦爲州從事，縣令長一璫在朝，不但三人綬帶而已。」末批：「今汝帖有伯喈所書『定册帷幕有安社稷之勳』十字，隸體。」

隸釋卷第十八

是邦雄桀碑

「陰陽燮節，百穀滋盆。」眉批：「『盆』，盈。」

故吏應酬殘題名

「故吏楠宗。」眉批：「楠。」

「故吏罘習。」眉批：「罘。」

魏大饗碑

「臨饗之日，陳兵清涂。」眉批：「『兵』，兵。」

「雖夏啓均臺之饗，周成岐陽之狩。」眉批：「『狩』，蒐。」

魏公卿上尊號奏

「伏省羣臣内外前後章奏，所以陳叙陛下之符命者，莫不條河洛之圖書，授天地之瑞應，因漢朝之款誠，宣萬方之景附，可謂信矣，著矣，□矣，裕矣，高矣，郡矣，□□無以及，五帝無以加。」眉批：「郡矣。今志注載此文，無『裕矣』下六字也。魏公卿上尊號奏與魏受禪表版刻内容次序交叉，當是刻工之誤。」傅山於上尊號碑「臣僉曰」處標豎綫並書「脱」字，於「先皇龍興國」前標豎線，於「是羣公卿士」後標豎綫並書「接前僉曰」，於魏受禪表「及嗣位」後書「接前先皇」。

「右公卿將軍上尊號奏，篆額在潁昌，相傳爲鐘繇書。」眉批：「聞八年歸視親疾，觀碑推文，斷此文是覬作，書亦覬作。金針八分書。此曰鐘繇書。」

「乃詔有司，大赦天下，改元正始。」眉批：「『改元正始』，謂改元以正其始也，非改爲正始元年也。曹芳自有正始年號。前大饗碑曰延康元年，此改元謂黄初。」

范式碑

洪适釋云：「此碑辭勝而事寡。雖曰略依舊傳，昭撰景行，但云篤友足以輔仁，超管鮑之遐蹤爾，未足以光颺盛德也。傳云爲荆州刺史，而碑作冀州。以新野之事澄之，則碑誤也。」傅山改「澄」作「證」。

隸釋卷第二十

王誨碑

「夫不憚勞謙之動，夙興厥職，充國惠民，亦得湮没而不章焉？故遂刊石記功，垂示于後，其辭云云。使河堤謁者山陽東昏司馬登字伯志，伐東萊典城王誨字孟堅。」眉批：「『伐』當『代』字。」

張敏碑

「冠軍縣有漢太尉長史也人張敏碑。」「也」字旁批：「邑。」眉批：「『也人』何説？」

光尼和碑

「符縣長趙祉遣吏光尼和，以永建元年十一月詣巴郡，没死成濡灘。子賢求喪不得，女終，年二十五歲。有二子，五歲以還。至二年二月十五日，尚不得喪。終」云云。題下批注：「蜀志『光』作『先』，『終』作『絡』，『濡』作『瑞』。」

隸釋卷第二十一

桂陽周府君碑

「韓退之詩云：南下樂昌瀧。」傅山改「樂昌」作「昌樂」。

郭中侯碑

「其下又云順帝，莫曉其義。」傅山改「帝」作「弟」。

無極山神廟碑

「文字磨滅斷績。」傅山改「績」作「續」。

槀長蔡君碑

洪适釋云：「碑在鎭府，故天章閣待制楊畋嘗爲余言：漢時隸書在者，此爲最佳。畋自言平生惟學此字。余不甚識隸書，因略言，遽遣人之常山求得之，遂入於錄。」傅山改「略」作「畋」。

隸釋卷第二十四

謁者景君表

「右謁者景君表，其額題『漢故謁者景君墓表』，而其文云『惟元初元年五月丁卯，故謁者任城景君卒』。」眉批：「安帝元初。」

郯令景君闕銘

「右郯令景君闕銘云：『維元初四年三月丙戌，郯令景君卒。』」眉批：「安帝元初。」

西嶽石闕銘

「右西嶽石闕銘云『永和元年五月癸丑朔，六日戊午，弘農太守常山元氏張勳，爲西嶽華山作石闕』云云。「永和，漢順帝、晉穆帝、姚泓皆有此號。」眉批：「漢、晉、姚三永和。」

費亭侯曹騰碑

「遺騰之國。」傅山改「遺」作「遣」。

司隸楊厥開石門頌

「右司隸楊厥開石門頌。余嘗讀范曄後漢書鄧騭傳有云：『時遭元二之灾，人士饑荒。』章懷太子注以謂『元二卽元元也。古書字當再讀者，卽於上字下爲小二字，後人不曉，遂讀爲元二』。其說甚辨，學者信之。今此碑有曰：『中遭元二，西戎虐殘，橋梁斷絕。』若讀爲元二，則爲不成文理。疑當時自有此語，漢書注未必然也。」眉批：「元二。」傅山改「元二」作「元元」。

從事武梁碑

「右從事武梁碑，云：故從事武掾諱梁字綏宗，體德忠孝，岐嶷有異，治韓詩，闕幘傳講。」眉批：「闕幘。」

東海相桓君海廟碑

「右東海相桓君海廟碑云」，「又云熹平元年夏四月，東海相山陽滿君」云云。眉批：「滿姓。」

吉成侯州輔碑

「輔名姓見范華後漢書。」傅山改「華」作「曄」。

州輔碑陰

「右州輔碑陰，京兆尹延篤叔堅而下題名者凡四十餘人。自東漢以後，一時名卿賢大夫，死而立碑，則門生故吏，往往寓名其陰，蓋欲附記以傳不朽爾。今輔一宦者，而碑陰列名者數十人。雖當代顯人，如延叔堅，亦預焉，有以見權勢之盛如此。雖然區區挂名于此者，亦可耻也夫！」眉批：「延篤列名宦豎碑陰。」

蒼頡廟人名

「右蒼頡廟人名。歐陽公集古録云：此碑有『蓮勺左鄉有秩，池陽左鄉有秩，池陽集水有秩』，皆不知是何名號。」「案前漢書：張敞以鄉有秩補太守卒史。後漢書百官志：鄉置有秩、三老、游徼。本注曰：有秩，郡所署，秩百石，掌一鄉人。」風俗通曰：秩則田間大夫，言其官裁有秩爾。然則『有秩』，蓋亦鄉吏名也。」眉批：「有秩。」

孔宙碑陰

「右孔宙碑陰，門生有鉅鹿廣宗捕巡字升臺。案：氏族書，如姓苑、姓纂皆無捕姓，獨見于此碑爾。」眉批：「捕巡。」

老子銘

「又碑云：孔子以周靈王二十年生。今以年表及世家考之，孔子以魯哀公二十二年生。」傅山改「哀」字作「襄」。

車騎將軍馮緄碑

「繫破郡賊。」傅山改「繫」作「擊」。

廣漢縣令王君神道碑

題名下批：「本縣答。」

金鄉守長侯君碑

「右金鄉守長侯君碑，載其上世云：漢興，侯公納策，濟太上皇於鴻溝之阸，謚曰安國君。曾孫酺封明統侯。」眉批：「侯酺，明統侯，漢功臣表不載。」

隸釋卷第二十五

成陽靈臺碑

「其額題『漢故廷尉仲君碑』，有云『表祠唐堯，爲漢祈福』，又云『爲廷尉卿，託病乞歸，修堯靈臺，黄屋世餘，上聽拜太中大夫』云。」眉批：「世餘。」末批：「一卷靈臺碑無『修堯靈臺，黄屋世餘』二句。」

梁相費汎碑

「右費汎碑，在湖州，其額題『漢故梁相費君之碑』，碑云：『梁相諱汎，字仲慮，此邦之人也。其先季文爲魯大夫，有功封費，因以爲姓』云云。」「余家所收姓氏文字粗備，以諸書參攷，頗多牴牾不合。姓苑云費氏禹後」云云。眉批：「姓苑不著作者姓名。」「林寶元和姓纂云：費氏亦音祕」云云。眉批：「林寶元和姓纂。」「陳湘姓林云：費氏音蜚，夏禹之後。」眉批：「陳湘姓林。」

逢童碑陰

「右逢童碑陰，題云：『右家門生，右縣中士大夫，凡十三人。』有督郵殖敏賓、殖后升、司文叔盛姓字。按殖與文姓氏書皆不載，今誌於此。」眉批：「殖。」

唐君碑陰

「右唐君碑陰，載出錢造碑人，有故從士、故督郵、故吏、處士、門生、門童等姓名。按：唐君碑云『處士閻葵斑等刻石樹頌』，而碑陰又有『故吏閻葵巳、處士閻葵楚』，閻葵姓不見於前史，而姓苑、姓纂之類亦皆不載。蓋前代氏族，或因改易，或寖微不顯，遂泯沒而無傳者甚衆。今世所有姓氏書，類多簡略不完，惟時時見于石刻者」云云。眉批：「閻葵。」

都鄉正街彈碑

「右都鄉正街彈碑，在汝州界，故昆陽城中，文字摩滅不可考究，其歲月略可見，蓋中平二年正月，而其額題『都鄉正街彈碑』，莫知其爲何碑也。」眉批：「街彈。」

尉氏令鄭君碑

「右尉氏令鄭君碑，云君子季宣，聘君之孫。」傅山於「子」字旁批：「字。」

趙相劉衡碑

「右趙相劉衡碑，云君諱德，字元宰，濟南東平陵人也。」眉批：「既云德字元宰，而曰劉衡，何也？」

隸釋卷第二十六

目錄「郭先生碑」。文末批：「名輔。」

巴郡太守樊君碑

「總角好學，治嚴氏經，貫穿道度，無文不睹，於是國君備禮招請，濯冕題冠。」眉批：「前十一卷碑文作『題罰』，後小字曰：『題罰』卽『題綱』。」

司空殘碑

「右司空殘碑，政和乙未歲得於洛陽天津橋之故墓，首尾已不完，所存四十五字，字書奇偉。其詞有云『命爾司空，余回爾輔』，據此乃嘗爲三公，蓋當時顯人，惜其不見名氏也。」眉批：「回。」

卷五十四　經子解（一）

學解

理本从玉，而玉之精者無理；學本義覺，而學之鄙者無覺。蓋覺以見而覺，而世儒之學無見。無見而學，則瞽者之登泰山，泛東海，非不聞高深也，聞其高深則人高之深之也，故訓學之爲效似矣，〔二〕而始終乎人拾級而卑之。至於效先覺而效，始不至於日卑。其所謂先覺者，非占嗶訓詁可以爲童子師而先之也，乃孟子稱伊尹爲先覺，其言曰：「予天民之先覺者，將以斯道覺斯民也。」樂堯舜之道，學也；而就湯伐夏以救民，則其覺也。覺桀之當誅，覺湯之可佐，故幡然曰：「使是君爲堯舜之君。」堯舜，湯也。堯舜湯者，殺桀乃所以爲堯舜也。是覺也，誰能效之？誰敢效之？不能效之而文之曰：「非其時也。」其時矣，而不敢效之，曰：「吾聊樂堯舜之道。」世儒之所謂學也。病老子者，曰「絕學」。老子之所謂「絕」者，絕河之絕也。學如江河，絕而過之，不沈沒於學也，覺也；不沈沒於效也，覺也。

荀子非子思、子輿氏也，曰：「略法先生而不知其統，猶然而材劇志大，聞見博雜，案往舊造說，謂之五行。甚僻違而無類，幽隱而無說，閉約而無解，案飾其詞而祇敬之，曰此眞先君子之言也。子思唱之，孟軻和之，世俗之溝猶瞀儒，嚾嚾然不知其所非也，遂受而傳之，以爲仲尼、子游

〔二〕「學」，丁本作「覺」，據王本改。

爲茲厚於後世。」苟以此非思孟則不可，而後世之奴儒實中其非也。其所謂案往舊造說，然也；僻違幽隱，則儒無此才也；閉約不解，則誠然也。奴儒尊其奴師之說，閉之不能拓，結之不能觿，其所謂不解者，如結襀也，如縢篋也。至於才劇志大，猶不然。本無才也，本無志也，安得其劇大？本無聞見也，安得博雜也？「溝猶瞀儒」者，所謂在溝渠中而猶猶然自以爲大，蓋瞎而儒也。寫奴儒也肖之，然而不可語於思孟也。思孔氏喪出母，而思則令子上不喪出母，其著也。子思之母死於衞，而子思亦以「有禮無財，有財無時」言之，其義猶乎「道隆从隆，道污从污」，而以其爲母也，難乎直情行之，故支吾其詞。若子上之母，則思可徑行者也，故不令白喪之。其於先君之言行何如也？孟子則於共主在上之時，汲汲焉以王道倡於諸侯，特時非桀與湯之時耳。〔二〕若周末之王有桀，則孟子必爲伊尹，以相湯爲事矣。故當時自齊晉狎盟之時，如管仲五霸，不過相其君以尊周攘夷爲名，蓋亦以其上非桀也。若上桀，則桓、文得孟子而相之，亦可以湯矣。故孟子不屑於霸，而上又非桀，傳食諸侯，以明王道。志可以爲大，材亦可以爲劇，而云「造舊說爲五行」，則大謬也。孟子之學而覺者也，覺伊尹之覺者也，無其時也。其言曰：「武王好勇，公劉好貨，大王好色。」其於孔子之言，又何如也？

後世之奴儒，生而擁皋比以自尊，死而圖从祀以盜名，其所謂聞見，毫無聞見也，安有所覺也？不見而覺幾之微，固難語諸腐奴也。若見而覺，尚知痛癢者也。見而不覺，則風痺死尸也。至於不自覺而覺其所覺，以我之君不如其君也，君尤可以義之合否異也。以我親不如其可親，而願爲之子也，子之不孝於親而欲親他人，亦或有之。以我之妻妻於我，不如爲其妻也，既妻我而或得妻

〔二〕「與」，丁本作「於」，據他本改。

若，我亦可以爲狎妮之私，快妻而因以自快，可以詫恐鄉黨宗族也。

禮解

人有父死而哀毁廬墓，幾至於滅性者，而孝之名歸焉。鄰遂有其母死而亦效其哀毁，以幾滅性。蓋知孝之爲美名，而惟恐不似其喪父之人，人亦羣孝之如其喪父之人。及問其母，則其父之再娶，而卽以其女婦，若繼母而實婦之母，視其父如婦翁者也。不知其哀毁之何所能致也。故非其孝而孝之，孝喪世，世亦喪孝。猶非其忠而忠之，忠喪世，世亦喪忠。非其親而親之，曰「禮也」，非禮也；而不親之，「非禮也」，禮也。非其君而君之，曰「禮也」，非禮也；而有不君之，「非禮也」，禮也。

夫世儒之所謂禮者，治世之衣冠，而亂世之瘡也。不知劀刮其根，而以膏藥塗之，又厚塗之，曰：「治瘡之禮也。」不柄亢鉅以足民之耳目，〔二〕而脂韋跪拜以貪其利祿，曰：「治世之禮當如是。」禮喪世，世喪禮，禮與世交相喪也。〔三〕悲夫！

仁義知信之文，以文論之，無從金者。獨禮有以金而爲鑇，言乎其能鑇。鑇聲也，來改之反。俗謂捖而來之而翦除之曰鑇。從其聲，其義之必不苟與存，且轉而爲裂之釐也。聲者，皆取乎𠩺。𠩺也者，釐而正之，然後爲禮也。故君，禮也；不君，鑇也。知鑇而後知禮，而後復天地之節也。習跪拜進退而苟圖利祿者，又膏藥之[illegible]也，不欲以爲瘡，相與蔽其無血而已。

〔二〕「足」，王本作「定」。
〔三〕「喪」，丁本作「畏」，按王本改。

無妄解〔一〕

袁彦伯贊龐統士元曰：「綢繆哲后，無妄惟時。」注引易「无妄之行，窮之災也」。此注與本文最不關涉。易「无妄」兩字，以「物與无妄」看，本兩好字。自象傳「无妄之往，天命不祐，行矣哉」，翻令人不知「無妄」爲何義矣。所以鄭注如彼。後世因而曰「无妄之世」，則「无妄」公然兩賴字。其「匪正有眚」者，乃不利有所往。若正而往，何不利之有？「无妄之往，天命不祐，行矣哉」，愚謂：若无妄之往，天命再不爲祐，天下再有可行之時已耶？此云「无妄維時」，亦自難解，不知單說時爲无妄之時耶，亦謂无妄惟其時之所當爾卽爾耶？〔二〕以下「三昭霸基」言之，則是時當取劉璋之蜀，〔三〕取之非妄也。注引「窮之災」，全謂无妄不宜有所行也。〔四〕殺楊懷、高沛而造成都，妄耶？非妄耶？以此證「元亨利貞，其匪正有眚，〔五〕不利有攸往」，全相倍也。初爻「无妄往吉」，象：「得志也。」是本此无妄之德以往，自然得志而吉也。六三「无妄之災，或繫之牛」四語，頗似劉璋。〔六〕璋爲邑人，而昭烈爲行人，象之「行人得牛，邑人災」，逕全爲此舉謀，亦可笑也。「无妄之行，窮之災」，若以「我往彼亡」之義解之則近，若但如本文，則无妄是一步行不得時矣。益

〔一〕此篇據晉祠博物館所藏手稿整理，霜紅龕集劉、丁、王本收錄。
〔二〕「亦」，霜紅龕集各本作「抑」。
〔三〕「當」字，霜紅龕集各本無。
〔四〕「所」，霜紅龕集各本作「心」。
〔五〕「有眚」二字，手稿脱，據他本補。
〔六〕「劉」，霜紅龕集各本與傅山全書初版本誤作「對」，據手稿改。

知易之深微，必不可以其辭死指之。「觀變玩占」四字，亦不全指所得之辭爲占。占是爲何事，當何時，遇何變，内外貞悔，人我幾宜，兼有之也。

鄭康成解无妄「猶无望」，最失經義。或因春申君傳朱英之言「无望」，而國策作「无妄」，本意謂不期而得，卽策之寫「无妄」，仍是「无望」之義。如彖詞「无妄之往」，豈是以「无妄」爲不正之義耶？〔一〕蓋承上文「其匪正有眚」之義來，謂挾此匪正之眚，而當此无妄元亨利貞之時，想要往何處去幹甚事耶，〔二〕卽欲妄行，天命終不祐也。昭烈之行，既已爲天之所祐，其行似匪正者，然漢尚當有四十年之餘烈，于璋似不正者，天實以正命之，故云无妄。鄭康成之解之謬，〔三〕不必疑也。

講游夏問孝二章〔四〕

日無疆有所感，而問子游、子夏問孝二章。傅山曰：諦觀「不敬」，何別「色難」？曾是諸義，則「啜菽飲水盡其懽，斯之謂孝」之道益明。不則，天下之窮乏子弟，皆不孝人矣。坐作拜跽，不足語敬；愉色婉容，斯可語色。參觀於孝經「故親生之膝下，以養父母日嚴」。文王觀人中色，弗聽之言。而人子眞敬眞色，鼎烹瓦缶皆所不關。四十二章經佛告出家沙門之言也，飯僧章終

〔一〕「是」，霜紅龕集各本無。
〔二〕「甚」，霜紅龕集各本作「其」。
〔三〕「成」字下八字，手稿殘缺，據他本補。
〔四〕霜紅龕集各本於標題下署「甲午十月」。據山西博物院藏傳眉抄本，落款置後。

之以「凡人事天地鬼神，不如事其二親，二親最神也」。精乎哉言！論親而至於神，則人有見神明不儼然恭謹者乎？故家人易曰：「家人有嚴君焉，父母之謂也。」天恩之厚，天威之凜，夙夜匪懈，念茲在茲，是以人子有視膳問安、晨省昏定之儀，云禮也。禮多則不親，猶之乎亢踞乎！禮也者，天而晴霽，人色舒和；天而風雷，人色斂肅。[一]其作敬之色者，顧即其作和之色者也。謂畏而有不愛，愛而有不畏，則驕惰之子，果皆眞能愛其親者邪？文王日寢門三，聖人則亦爲人子觀美耳矣。故畏而知愛，愛而知畏，事親之義備矣。

躧市足，謝以驁，兄則撫慰，大親已矣。郭象曰：「明恕素足也。」然亦無有謂親恕我，而故數數躧親足其可者。諸有小過于親者，恃愛不自懲，一習即至于十百千偏以爲常矣。不知高天厚地，何時何事不容有我，而慣慣不自知也。

閔子之孝，聖人稱「人不間於父母之言」。故孝子必致親無難言。不止難言，期無難色、難意。而充類至義之盡，至於親不作難夢，而眞誠通於神明矣。「幹父之蠱」，「幹母之蠱」，不同其訓。又聖人衷度于父母之情之欸之，當有異宜者，而人子可有蠱心於其父母乎？敢有蠱於其父母乎？[二]竊嘗論之，頌虞舜之孝者，輒曰「父頑母嚚」。舜聞之，當何如痛心也？以舜視其父母，皆聖父聖母，故號泣怨慕。而孟子善爲發之：「不得乎親，不可以爲人；不順乎親，不可以爲子。」而謂舜有頑嚚父母之心，可乎？故人子決不可有不是父母之見，微有父母不是之見。而諸任情放肆，敢于得罪者，其心以爲我之是也。隱而無犯，對事君者之微辭耳。若夫孝子，不惟無犯，亦復無隱。隱

[一]「斂」，各本作「歛」，據張震說改。
[二]此句丁本無，據傅眉抄本補。

也者，有過其親之心者也。幾諫之道，見志不從，又敬不違，勞而不怨。「又敬」也者，亦云父母不從之時，易於憤懣，忘其初諫之誠，故申之曰「又」也。而莊子方外之書，其言曰：「至仁無親。」不知者駭之矣。而迺曰：「此非過孝之言，不及孝之言也。」此卽所謂元氣渾淪，孝在其中之旨，蓋在中者無孝之名之時也。故又微其說曰：「忘親難。」忘親易，使親忘我難。夫子有是非於其親，則不能忘親矣。親受是非於其子，則亦不能忘我矣。夫忘也者，眞也。父母之于子，未有不眞者也；而子之于父母，容有不眞者矣。故色眞敬眞，唐園親腹，親樂；鼎養親腹，親樂。色不眞敬不眞，唐園親腹，親不樂；鼎養親腹，親不樂。

又嘗論之：立身揚名，顯親於後世，顧云孝也，而不若及事其親之時，服勞甘瀡、愉色婉容之爲眞孝之眞，可以得其親之歡心也。嗚呼！人不思及承顔之時，冀得親之一歡一笑，而但期博一身後之名於其親也，推是心也，則必有賊其親之心者矣。是以孟子求舜之心至于竊負而逃，遵海濱而處，終身訢然樂而忘天下，則舜誠無樂得其壽位名祿之心也。太眞非不孝子也，而李卓老之論出，有不能爲太眞釋者。太眞之心，亦有不能自爲釋者。故不得已而徐庶其人也，周虓其人也。何也？其後無可悔也。皋魚之泣，悔而已矣。夫人之于人也，不可遺一悔之端，而人子之於親，可遺一悔之端乎！復之初曰：「不遠復，無祇悔，元吉。」是未嘗言孝也，而可取之以言孝。何也？復也者，仁也，天地之心也，卽父母之心也，卽人子之於父母之心也。夫人子自有知識以後，未有無過於其親者。有未嘗弗知，知之未嘗復行，尚何悔之有！是復也，不宜頻；頻則不勝其悔，且復有不及悔者矣。無疆，讀易者也，遂及于易之復，復則未有不愛者也，復則未有不敬者也。

敬字从苟从攴。苟从羊，〔一〕有虔、丮兩音。攴即攴，作教刑之攴。羊知跪乳者，而又加以攴，敬義自著。〔二〕即「養」字，古文本从羊从攴而爲𢻰。羊其聲，加支成義，亦去敬之義不遠。若以今隸書訓，但云「羊，畜肉之美厚者」，以是肉食之，則可謂能養其親者矣，敬不敬無論矣。以是知古字之有不可廢者。

色从人从卩，原不單指紅白喜怒之見于顏面者，故色須通體觀之。即面眉文飾和靄，而手足肢體不能安詳中道，違心之氣立見。是可欺父母者乎？所以謂之難也。即父母不覺，兄弟行輩覺之；行輩不覺，而僕役覺之；即人皆不及覺，而自意覺之。夫至于自意覺之，而難之爲難益著。難易之難與患難之難一字，何也？由難之者而去，即入于難。故人當作履色之時，當下已造乖戾之難矣。是色施諸人，已非誠道，況父母乎！

事親之道，在于反身之誠。色之難，難之于誠也。〔三〕事親者不可不讀心地觀經。「養子方知父母恩」，是七字眞諧。嘗謂人于子之安和時尚不覺，若當子有疾病之時，呼天籲地，魂夢怔忡，而父母之苦極矣。若于此際能一迴照，此身之承父母明禱默祈，不知凡幾十百千苦矣。所以有「父母惟其疾之憂」之訓。無疆一郎前中寒，病困數日，憂形于色，言之情深，此益知父母之恩之際也。無疆性善，又嚴于庭訓者，豈復不知此者？而山及此，山私痛山童時數得怪異之證，驚憂吾親不可勝道，迄今立身揚名者何在？而猶復令八十老親當如此驚憂。即老母知義，山敢曰憂親之憂乎？事

〔一〕「羊」，丁本作「芉」，據傅眉抄本改。下同。
〔二〕以上「攴」、「攴」之別，均據傅眉抄本。
〔三〕「難之」二字，丁本無，據傅眉抄本補。

有不得已，責有不得辭，情有不可道，人子之性之遇，亦有幸不幸哉！故讀史至于胡元，〔二〕而簡編乏興矣。及乎孝友傳，眞情至性，實繁有人，迺知此段天性，無間隆汚，〔三〕常變而不可息。胡元時之孝弟，與漢唐時之孝弟者，同一心也。他事有不可爲，而此事無不可爲；他事有欲爲而不得自盡，此事無欲爲之而不得自盡者。〔三〕當此窮時，〔四〕薄具米鹽，關門幽巷，日夕承顏，餘暇讀書，兼復小修藥物，以備老人調補之需，門外龍爭虎鬭，驢舞猴翻，塞耳閉目，不見不聞，亦可以爲孝子矣。吾儕勗之！ 甲午十月書為無疆錢先生名悦民。〔五〕

老子解

第十三章〔六〕

驚寵若驚辱，可以言申之，則申之以得失。身貴若身大患，則不必以言申之，不申貴而但申大患。大患者，有身也。既有身矣，而身復有貴，患之患者也。聖人不得已而貴有天下。天下神

〔一〕「胡」，丁本作「金」，據傳眉抄本改。下同。
〔二〕「隆汚」，丁本作「汚隆」，據傳眉抄本改。
〔三〕「者」，丁本作「也」，據傳眉抄本改。
〔四〕「窮」，傳眉抄本作「之」。
〔五〕末句霜紅龕集各本無，據傳眉抄本補。
〔六〕此條據山西省博物院藏手稿整理，曹玉琪重校。霜紅龕集拾遺、劉、丁、王本收錄。

器，〔一〕不可爲而不可不爲。所謂神而不可不爲者，天也。不自貴而此則貴之，重也。不以身輕爲之，不屑屑多事也。〔二〕貴以爲重，〔三〕則愛以爲惜也，不搰搰焉勞也。不屑屑多事，則身可以爲天下之所寄，而身亦可以寄于天下。不搰搰勞，則身可以爲天下之所託，而身亦可以託于天下。寄託，聖人之所不得已也，所以身大患之道也。「貴以」、「愛以」之道，〔四〕散見於五千文。〔五〕而欲取天下而爲之，吾見其不可爲，則著者矣。故行隨呴吹，强羸載隳，皆惑之。甚也，奢也，泰也，則去之，去其以爲之心也。甚，虞其不如堯舜也；奢，虞其制度之狹小；而泰，惟恐其否也。若夫儒家所謂服御宮室之淫驕盈侈費之甚奢泰也，〔六〕聖人去之久矣，道者不慮也。　偶書。〔七〕

第二十一章

著矣哉！的之指，而卒不可的。而擬之，而如可因之持之，一不化者也。醳「容」以「大德能容」，文之詁於雅也，非老義也。老義，形容而已。分其得於道者，而形以造。形所從者，非穉也，從道來也。道合「首」「止」爲文，人之頂踵之義也。物也，而有非物者傳焉。非物之物，道之爲物也，怳惚象物。象，似之矣，而不可得而確之。以窈冥之精非假，而或然或不然者，自初有

〔一〕霜紅龕集各本於「天下神器」四字下，尚有「不可爲也」四字。
〔二〕「也」字，霜紅龕集各本無。
〔三〕「重」字，手稿脫，據霜紅龕集各本補。
〔四〕「道」，霜紅龕集各本作「義」。
〔五〕「文」字，手稿脫，據霜紅龕集各本補。
〔六〕「淫」字，霜紅龕集各本無。
〔七〕末二字，霜紅龕集各本無。

一人以至于今，傳之不息，以至于有我之身者，其何物也耶？此道也。傳之於父，父受之於祖，祖受之於曾高父，溯而上之，徹於天。天，大父也。自大父而傳之，不知歷幾何父而有我。我又爲父矣，故曰「衆」也。「閱」也者，歷也，非視也。其惚也恍也，从心从火，心亦倒火也，皆陽也，母不得而與之。莊子「可以爲衆甫父」，甫卽父也。文士不得其甫之爲父之義，而或醳美也，可笑也。〔二〕[illegible]卽父，从用，父之用也。徐無鬼之末曰：「頡滑有實，古今不代。」夫頡魁然其爲顱，而骨之本諸水也，其亦揚推之罪也乎？

寵辱若驚節

蘇注：「貴身如貴大患。」說得不圓。只炤「寵辱」句，曰「身貴如身大患」，則得之矣。

大道廢節

原說得是渾淪未破時事。

絕聖棄智節

世間底事，好看在文，壞事在文。及至壞事了，收拾又在文。文不可以偏辭惡也。

文也，人而㐅者也。「㐅」卽「五」字也。五之從𠄡、横冈，皆謂之五。曰十數中之一。从一至三皆不交，唯至於㐅，謂東西南北之氣皆交於中也。十又五之重者也。㐅邪十，十正㐅，以十加

〔二〕自「也。文士」至此，丁本無，據他本補。

四則成米，八方備矣。四正四隅，皆交於中，如輪如轉。中之交處不可舉，而名之曰一也、二也矣。所謂中宮八，加中九矣，並不見十之名。故十藏於五，而九以運之。

一、三、五、七、九，天數之中五；二、四、六、八、十，地數之中六。天五地六，合成十一。五臟之數，皆以中之土。臟，運之交也。河洛之圖書，變化百出不窮，皆中於五。五，土也。土，十一也。

自古及今其名不去

「名」字，卽首章「名可名，非常名」之名。

希言自然節

此篇從無妙解，以其看「同」不得耳。蘇注「不幸而失」，解大非義。「失」字本不易解，而皆捞摸說之，如何可解！

靜爲躁君句

老莊聖人，非以靜爲勝，故靜也。萬物不撓於心，故靜。此是聖人學問成就後之言。若初學人，還須知靜之勝處。不則荒蕩無主，轉更日見其失耳。

第三十二章〔一〕

河上章句三十二章，曰聖德章。「聖德」兩字已自鄙淺，注猶不成文義。改題「道朴章」。

「道常無，名朴。雖小天下，不敢臣。侯王若能守之，萬物將自賓。」「天地相合，以降甘露，民莫之令而自均。」「始制有名。」三句最不易解。「名亦既有，天亦將知之。知之所以不殆。譬道之在天下，猶川谷之與江海。」

「無名朴」，即後三十七章「無名之朴」也。臣、賓、均叶。有、殆、海叶。〔二〕

公之它破句讀之曰：「道之常無者，名朴也。雖小天下，不敢臣。」謂看得天下雖小，亦不敢有臣之之心。臣之則亢，守朴以待萬物之自賓而已。若自大自尊，則天與地不相合矣，故下文即曰「天地相合」云云。如注不敢臣道，亦說得去，但無甚滋味。

「始制有名」，制即制度之制，謂治天下者初立法制，則一切名從之而起，正是與無名之朴相反。無者有之，朴者散之，而有天下者之名于是始尊。聖人念斯名也，非本初所有也，亦既有而已。「既」如「既而」之「既」，與常無名之初遠矣。正是「名可名，非常名」之「名」也，不可語于天矣。天，法道者也。此處仍當云「侯王將知之」，不云「侯王」，而但云「天」者，王原法天也。「亦將知之」，謂知名之不可以臣天下而不敢驕亢，如天道之下濟，豈復有危殆不安之事！下之「川谷江海」，仍足前義而已。但「亦將」字面下得躍如，不逕曰「知」，而曰「將知」，猶曰其未

〔一〕 此條據山西博物院藏手稿整理。曹玉琪重校。自「公之它」以後，霜紅龕集劉、丁、王本收錄。

〔二〕 「殆」字，手稿作「之」，此據霜紅龕集。

必知者。〔一〕後世之據崇高者，只知其名之既立，尊而可以常有。天下者，非一人之天下，天下之天下也。知不知，上；不知知，病。夫惟病之，是以不病，不病卽不殆也。天之「將知」，正是「知不知」耶！偶因河上不快，輒多斯言。尚有別言穿之鑿之，再闡。

「無名朴」，卽後三十七章「無名之朴」也。〔二〕曰：「化而欲作，吾將鎭之以無名之朴。無名之朴，亦將不欲。」此之「亦將」，卽「亦將知之」之「亦將」也。謂以無名之朴鎭民，尚是有意補救之意。幷此無名之朴，亦將不欲有之。不欲，則還道常無爲矣。故前「亦將不欲」，並知之而無矣。〔三〕

第三十七章〔四〕

河上曰爲政。改題「自定章」。

「亦將不欲。」三十七章：「化而欲作，吾將鎭之以無名之朴。無名之朴，亦將不欲。不欲以靜，天下將自定。」注：「萬物以化效于己，復欲作巧僞者，侯王當身鎭撫以道德。侯王鎭撫以道德，民亦將不欲改，當以清靜導化之也。」此之「亦將」，卽前章「亦將知之」之「亦將」也。謂以無名之朴鎭民，尚是有意補救之意。幷此無名之朴，亦將不欲有之。不欲，則還道常無爲矣。故前「亦將知」，此「亦將不欲」，並知之而無矣。

〔一〕「者」，霜紅龕集各本作「也」。
〔二〕「三十七」，霜紅龕集各本作「三十一」，據文意改。
〔三〕此段手稿無。
〔四〕此條據山西博物院藏手稿整理，曹玉琪重校。

上士聞道節

山於此章，恰要以下士爲得道之人。何也？「勤行」者，崇有者也。「若存亡」者，參之於有無之間者也。「大笑」者，無可行矣，何處勤之？有無了矣，又何若？故但大笑，歌歌解頤，原來如此。下十二言，皆下士不「勤」、不「存亡」之用，故「若昧」至於「若偷」，「無隅」至於「無形」。下士之不以上自見自貴者，知之水，處衆人之所惡，而不爭者也。

夷道若類節

直是平易，不自異於人也。荀子解蔽篇「處一危之，其榮滿側。養一之微，榮矣而未知」，可以爲此句影子。吾謂此解頗的。

道生之德蓄之物形之勢成之節

生者屮於土，蓄者玄於田，形者幵以彡，成者丁與戊。生之，蓄之，長之，育之，亭之，毒之，養之，覆之，八字中惟「亭」、「毒」兩字最要緊。「毒」字最好、最有義，其中有禁而不犯之義，又有苦而使堅之義。王輔嗣注：「亭，謂品其形；毒，謂成其植。」總是模糊擬度。呂註作「成之」、「熟之」，非是。

治人事天莫若嗇節

人不能早自愛惜，以易竭之精氣，儘著耗散，及至衰朽怕死時，卻急急求服食之藥，以濟其危。

不知自己精氣原是最勝大藥，〔一〕早不耗散，服而用之，凡外來風寒濕暑陰陽之患，皆能勝之。此但淺淺者，所謂最易知，最易行，而人不肯耳。

第六十章〔二〕

「治大國若烹小鮮。」不多事瑣碎也。

「以道莅天下，其鬼不神。」莅，〔三〕臨之而不翻也。反此，則以術翻播天下矣。法令滋而姦宄多，使人斯鬼矣。以人之鬼，感鬼之鬼，鬼始得大作福禍於人而神矣。〔四〕

「非其鬼不神，其神不傷人。」何以見其鬼之不神也？就其不能傷人處見之。「非其鬼不神」下云「其神不傷人」，非又以「神」字對「鬼」字，此「神」字如封禪書「小鬼之神者」之神。總之，是若烹小鮮之義，〔五〕簡重不苛，人安鬼安而已。鬼神之義，如泰誓地天通之義。

「非其神不傷人，聖人亦不傷人。」非其鬼之神不傷人，由于聖人亦不傷人。若聖人傷人，則人將逃其傷而乞靈于鬼矣。

「夫兩不相傷，故德交歸焉。」兩不相傷，語氣似乎謂鬼之神不傷人，聖人亦不傷人，故曰「兩」耳。但「相」字似多。又似謂鬼與聖人爲相者，然義實無此。不相傷，畢竟是鬼與聖人皆相

〔一〕「大」，傅山全書初版本作「之」，據丁本改。

〔二〕此條據山西博物院藏手稿整理，曹玉琪重校。霜紅龕集劉、丁、王本收錄。

〔三〕「莅」，手稿脫，據霜紅龕集各本補。

〔四〕「福禍」，霜紅龕集各本作「禍福」。

〔五〕「是」，霜紅龕集各本作「足」。

于人也爲得。「德交歸焉」句，河上解恰好，云：「兩不相傷，人得治於陽，鬼得治於陰；人得全其性命，鬼神保其精神。故德交歸焉。」但「保其精神」字未穩，當云「鬼得靖其微顯」可矣。

江海所以能爲百谷王節

欲上人，又似欲人在上也。欲先，義同。不必看作我欲上人、先人也。亦不妨「下處上」二句，雖謂實在上、在前，而心實不敢上之、前之，亦通。

聖人果何樂乎上人、先人而欲之？不得已而上，作之君，先作之師。上之者，欲其人之安於下也；先之者，欲其人之從於後也。若處上而人重之，則民難戴；處前而民害之，則民不利：皆非天所以作君、作師之心。下之、後之，爲民也，非自爲也。不然，則以虛嘴甜舌，卑躬劬勞，哄著做帝王，幾時是下場頭！

若不細推樂求不厭之義，則是聖人以鄉原之法騙帝王之位耳。民若無樂，推不厭之主，則「時日曷喪」而亂矣。故以樂推驗聖人之在宥耳。

和大怨節

此章並不須向深而文說，只就怨上說去。恩怨雙忘，是句最混帳話。不則，除是佛許道此。不則，是私恩私怨，遇公道處不得行其私，謂之妄干。此實實說向怨上。怨毒之於人，甚矣，必不能和。和是勉強胡錮之舉耳，其心果能服乎？如甘寧、凌統一節言之，甘是兩陳不得不然者，而統能忘之乎？仲謀過於調和，統不能忘也。聖人執契之說，只是論屈直。且如以君子以一公義殺一小人，小人也要怨，其屈終在小人，天必竟是與君子也。聖人只得炤天行法。

莊子解

天地篇注〔一〕

丹崖雨中，老親作餛飩噉山，山佳四五十歲老大漢，精眉白眼，飽粗糲過日尚不可，況飽此費手有味麵食，潤溢生死？不敢閑嚼，寫莊子一篇，義有明而爲注蔽者，隨寫隨注。敢謂注之皆得，直不敢空喫餛飩耳，故儘其愚意所及，而食其力也。之意也，令兒輩知。

「天地雖大，其化均也。」至〔二〕「通於一而萬事畢，無心得而鬼神服」。

「夫子問於老聃曰：有人治道若相倣」，至「忘己之人，是之謂入於天」。「有首有趾」至「盡無」數句，義頗難解，而子玄之「首趾，猶終始也。無心無耳，言其自化」之注，是何說也？注郭且莫提，注莊何在？

「三人行而一人惑，所適者猶可致也」，至「不推，誰其比憂」！如此，則不但舜無過，武王亦無過。豈止武王禮數徒縻，應時而變，聖人有不得已爲者耶！井田之不可復於後世，再莫想矣。而宋儒津津道之，學宋儒者又津津而道之，眞可笑矣。然其意未嘗不善。天下不依而一人欲之，只有孤其善意，多謝而已。

「厲之人夜半生其子，遽取火而視之，汲汲然惟恐其似己也。」郭注：「厲，惡人也。言天下皆

〔一〕此篇據台灣何創時書法基金會藏啬盧翰墨手稿釋文，由堀川英嗣整理。標題爲編者所加。傅山全書初版本未收。
〔二〕傅山抄錄了天地篇此段原文，本書省略，以「至」字代替。下同。

不願爲惡，其爲惡，或迫于苛役，或迷而失性耳。然迷者自思復，而惡者自思善，故我無爲而天下化。」其說甚蔽，本自承「大愚」、「大惑」而及此，言厲人之自知耳。其所謂惡者，貌邪？心邪？貌醜而冀其子之美也，有之矣。若眞惡人之生子，則唯恐不蛇不狼濟其惡也，豈有不願者哉！父惡而子少殺者，其父不知其爲福也，而病其劣。虞其人之仇我，而漁肉之，且有一本不傳祕惡經，日夜提牖之矣。然不知其心術之足以殺其子，尚無待于人之漁肉也，而已醢之矣。

天地篇泰初有無無段解

陰陽交泰之初，何所有乎？有無而已，别無所有。然無而有者，無可得而名，確乎其有一。一之所起，有一而未形，不可聞，不可見。然萬物之生者，皆由得此一以生，是之謂德。溯此德者，則我得之父母，父母又得之祖父母。進而求之，則不知何人之父母之父母，得之天地之始爲人之時，而延之於我之身。生生世世，業識識業，日遠於德。故循性而修之，以反於得以生之德。德之至者，一切有爲之法，皆消融於烏有，幾幾乎並未形之一亦不可得而名之。所謂德至，至則同於泰初之無有矣。損之又損，以求至乎其眞之實功也。郭注「無不能生物」，昧於始矣。老子曰：「天地萬物生於有，有生於無。」此段是莊生實有下手處，昔人混混說去。

泰、太異乎？不異也。天爲一大，太爲大一。一卽天一生水之一。一，水也，氣也。泰，上从大，下从水，水卽一也。中加廾而爲泰，老子所謂「抱一」也。廾有反廾之義，不敢失其一也。於「太」之不用廾者，有天人之分耳。

明乎「泰」之義，「否」字則不待釋矣。否上之一，卽泰下之一。否則亢而止之上，所謂下不來也。加之以口，愈言愈遠，與「太」反矣。「多言數窮，不如守中。」窮極不反，所以否也，夫亦愈知一矣。

「未形」者，有一不熄，未然而行。「且然」者，謂之命根。此命原動而不停。若停其動者，即生物矣。

「同乃虛，虛乃大。」合喙而鳴，喙鳴仍合。喙合處，如天與地沓合處，不可見而有不斷於其中者。緡之貫錢，緡之鈞淵，無智若愚，不明若昏。昏也者，百姓日用而不知之妙也，有夜行之道矣。

書天道篇批語〔一〕

天道，篇次居天運之前。

「天道運而無所積」，至〔二〕「則功大名顯而天下一也」。〔三〕「靜而聖，動而王」，至「天樂者，聖人之心，以畜天下也」。〔四〕此法質朴，似漢之此法，遺留少矣。有道碑僅存典刑耳。

「夫帝王之德，以天地爲宗」，至「然則君之所讀者，古人之糟粕也夫」。

莊子外篇，義之奧宎，去内篇遼矣，而文句則倍難。釋者往往見本顯明無隱而卻之其所，扭捩而鳴之。子玄之注「苟有實而名弗受，再受其殃」是也。

〔一〕此篇據台灣何創時書法基金會藏嗇廬翰墨手稿釋文，由堀川英嗣整理。標題爲編者所加。傅山全書初版本未收。

〔二〕傅山書寫此篇原文，本書省略，以「至」字代替。下同。

〔三〕此上爲小楷，此下爲隸書。

〔四〕此上爲隸書。

書天運篇批語〔一〕

南華天運。楊五哥、七哥持此卷子要書。村僑無筆久矣，秃穎老掔，儘者結構。

「天其運乎？地其處乎」至〔二〕「天下戴之，此謂上皇」。字原有眞好、眞賴，眞好者人定不知好，眞賴者人定不知賴，得好名者定賴。亦須數十百年後有尚論之人而始定。

「商太宰蕩問仁於莊子」至「至願，名譽并焉。是以道不渝。」凡事要心，寫字則全任手。手九分矣，而加心一分，便有欠缺不圓之病。俗說「逸少與打油論工，手熟爲能」，此神語也。不知者以爲罪非其倫。

「北門成問於黃帝曰」至「愚故道，道可載而與之俱也。」吾看畫看文章詩賦與古今書法，自謂別具神眼，萬億品類，略不可逃。每欲告人此旨，而人網然。此識眞正敢謂千古獨步。若呶呶焉，近於病狂。然不呶呶焉亦狂，而卻自知所造不逮所覺。

「孔子西遊於衛。顔淵問師金曰」至「故西施病心而⿳宀罒貝其里，其里之醜人見而美之，歸亦捧心而⿳宀罒貝其里。其里之富人見之，堅閉門而不出；貧人見之，挈妻子而去之走。彼知美⿳宀罒貝而不知⿳宀罒貝之所以美。惜乎！而夫子其窮哉！」「⿳宀罒貝」字，諸體無此法。吾偶以横「目」置「賓」之中，亦非有意如此，寫時忘先豎「目」，既「⿱宀少」矣而悟，遂而其法，猶「⿳山冖方」。

「孔子行年五十有一而不聞道」至「親權者，不能與人柄。操之則慄，舍之則悲，而一無所

〔一〕此篇據台灣何創時書法基金會藏嗇廬翰墨手稿釋文，由堀川英嗣整理。標題爲編者所加。傅山全書初版本未收。

〔二〕傅山書寫此篇原文，本書省略，以「至」字代替。下同。

鑒」，至「其心以爲不然者，天門弗開矣」。「操則慄，舍則悲」二語，形容「親權」之鄙，良足發笑。

「孔子見老聃而語仁義」，至文末。

徐無鬼篇末一段解

傅云：〔二〕注者卜度不中之。公之佗又卜度之而不能盡，而回復其所謂「大陰解之」，而不得其解於大陰。又曰：解之似不解，卒之以知之似不知，而於所謂大目、大均、大方、大信、大定，不再及之。蓋「大定」即所謂「知之似不知」者耶？而炤似乎其目也，樞似乎其均也，信則有實不代而又不臚之，而終焉曰「闔不亦問是已」，是信也。崖之不可以有無，微乎其體之大方而無隅者乎？體者，性之踐也。踐之也者，有不踐也。所以盡之有天，而始之有彼，仍乎其大一之知而已耶？金則排而揀之，文則沬而濺之，連抃而及之、不及之，不及之、及之。鄙儒小拘之文，必揭揭弟之，以爲倫，以爲脊，讀此而迷，不知所繹，曰是文之無法度者也。夫深世故而淺天行者，吾莊子而已矣！「吾」之也者，私也。能公諸人，故不得不私也。私者，天也。

天下篇泠汰於物段解

「泠汰」二字，即有「選則不偏」之義，又似物原有泠者，謂其才之薄而不可大用者；有汰者，謂其才之奓而可侈用者。亦任其物之自泠自汰也。

〔二〕「傅」，丁本作「傳」，據拾遺本改。

椎，鎚也。拍，打也。輐，聲如丸。斷，聲如摶。又如宛，如湍。總是去圭角之意、之聲，所以下文即「與物宛轉」一句。後又云：「常反人不見觀，不免於鯇斷。」謂常有與人相反者，當爲人所著眼，而卒不見觀於人，由不免輐斷，以去圭角也。鯇即輐字少訛，傳寫以車作魚，中之田字易混耳，義無差互也。

卷五十五　經子解（二）百泉帖[一]（上）

癸卯四月，將過百泉訪鍾元孫先生，途次攜得舊録子書一册，再略流覽，一批行閒，復少爲解釋，記所會心，不必其中也，隨手草録爾爾。清化旅中。[二]

亢倉子

襢[三]別本但作袒爲正。

亢倉子全道篇：「大亂之本，襢乎堯舜之閒，其終存乎千代之後，必有人與相食者矣。」格上小字：「襢，以加切。」方言：「取也。南楚之閒，凡取物溝污中爲襢。」此切似遠于偏旁，或訛也。若「以加」，則當讀如「牙」矣，非聲。

用道篇：「昔者桀信天與其襢，四海已不勤于道，天奪其國以授殷。紂亦信天與其襢，四海已不龔于道，天奪其國以授周。」不知義同否，當再搆善本考訂。

〔一〕此篇除注明者外，均據百泉帖整理，由谷錦秋重校。霜紅龕集劉、丁、王本收録。劉本題作「清化旅中」。

〔二〕「清化旅中」四字，劉、丁本無，王本作「清化旅中記」。

〔三〕「襢」字下，傅山全書初版本與霜集各本衍一「字」字，據百泉帖删。

蜕猶脱也。

蜕字

亢倉子全道篇：「蜕地之謂水，蜕水之謂氣，蜕氣之謂虚，蜕虚之謂道。」吾師乎！

讀字讀或是瀆。〔一〕

亢倉子賢道篇：「時之陽兮信義昌，時之默兮信義伏。陽與默，昌與伏，汩吾無誰私兮，羌忽不知其讀。」「讀」字用之此處不知當作何義，豈有訛耶？再考。〔二〕

亢倉子妙語

用道篇：「知而辨之謂之識，知而不辨謂之道。識以理人，道以安人。」讀者皆草草過，吾獨愛之。

鬼谷子要語

權篇：「古人有言曰：口可以食不可以言。」反應篇：「故知之始己，〔三〕自知而後知人也。」

〔一〕小注「讀」，傅山全書初版本與霜集各本脱，據百泉帖補。
〔二〕「再考」二字，霜集各本無。
〔三〕「己」，傅山全書初版本誤作「已」，據百泉帖與鬼谷子中華書局二〇〇七年版改。

尹文子情語

大道下篇：「貧則怨人，賤則怨時，而莫有自怨者，此人情之大趣也。然則不可以此是人情之大趣而一概非之，亦有可矜者焉，不可不察也。」平心讀之，亦有禹、稷溺饑之義，君子當致思焉。

鄧析子四句不解

「楚之不泝流，陳之不束麾，長盧之不士，呂子之蒙恥。」

管子

宙合〔一〕注極可笑。

左操五音，右執五味。一。以後文義考之，似此八字下應有「名曰不德」四字。

懷繩與準鉤，多備規軸，減溜大成，是唯時德之節。二。

春采生，秋采蓏，夏處陰，冬處陽，大賢之德長。三。

明乃哲，哲乃明，奮乃苓，明哲乃大行。四。

毒而無怒，怨而無言，欲而無謀。五。

〔一〕此下至「名之曰不德」據晉祠博物館藏手稿整理。

大揆度儀，若覺臥，若晦明，若敖之在堯也。六。

毋訪于佞，毋蓄于諂，毋育于凶，毋監于讒，不正廣其荒。七。

不用其區區，烏飛準繩。八。

讂充末衡，易政利民。九。

毋犯其凶，毋邇其求，而遠其憂，高爲其居，危顛莫之救。十。

可淺可深，可浮可沈，可曲可直，可言可默，天不一時，地不一利，人不一事。十一。

可正而視，定而履，深而跡，夫天地一險一易，若鼓之有桴，擿擋則擊。十二。

天地萬物之槖，宙合有槖天地。十三。

左操五音，右執五味，此言君臣之分也。君出令佚，故立于左；臣任力勞，故立于右。夫五音不同聲而能調，此言君之所出令無妄也，而無所不順，順而令行政成。五味不同物而能和，此言臣之所任力無妄也，而無所不得，得而力務財多。故君出令，正其國而無齊其欲，一其愛而無獨與是；王施而無私，則海内來賓矣。臣任力，同其忠而無爭其利，不失其事而無有其名；分敬而無妒，則夫婦和勉矣。君失音則風律必流，〔一〕流則亂敗。臣離味則百姓不養，百姓不養則衆散亡。君臣各能其分則國寧矣，故名之曰不德。〔二〕

懷繩與準鉤，多備規軸，減溜大成，是唯時德之節。夫繩，扶撥以爲正；准，壞險以爲平；鉤，入枉而出直。此言聖君賢佐之制舉也，博而不失，因以備能而無遺。國猶是國也，民猶是民也，桀

〔一〕「必」，傅山全書初版本誤作「如」，據管子改。

〔二〕此段原文，手稿未錄，據管子補。

紂以亂亡，湯武以治昌。章道以教，明法以期，民之興善也如此，湯武之功是也。多備規軸者，成軸也。夫成軸之多也，其處大也不究，其入小也不塞，猶迹求履之憲也，夫焉有不適。善適，善備也，僊也，是以無乏。故諭教者取譬焉。天淯陽，無計量；地化生，無法崖。所謂是而無非，非而無是，是非有，必交來。苟信是，以有不可先規之，必有不可識慮之。然將卒而不戒。故聖人博聞多見，畜道以待物，物至而對形，曲均存矣。減，盡也；溜，發也。言徧環畢，莫不備得。故曰：減溜大成。成功之術，必有巨獲，當卽「矩矱」，與下「合符」義通。必周于德，審於時，時德之遇，事之會也，若合符然。故曰：是唯時德之節。〔二〕

春采生，秋采蓏，夏處陰，冬處陽，此言聖人之動靜、開闔、詘信、涅儒、取與之必因於時也。時則動，不時則靜，是以古之士有意而未可陽也。故愁其治言，含愁而藏之也。賢人之處亂世也，知道之不可行，則沉抑以辟罰，靜默以侔免。辟之，猶夏之就清，冬之就温焉；〔三〕可以無及于寒暑之菑矣。非爲畏死而不忠也。夫強言以爲僇，而功澤不加，進傷爲人君嚴之義，退害爲人臣者之生，其爲不利彌甚。故退身不舍端，修業不息版，以待清明。故微子不與于紂之難，而封于宋，以爲殷主。先祖不滅，後世不絕。故曰：大賢之德長。管仲主意是不死，故往往情見乎辭。

傅山曰：說文無「涅」字。廣韻：涅，以整切。釋曰：泥也。于此義疏，「動靜」以下兩兩相對，涅對儒。儒有緩義，則涅必取急疾矣。若如泥解，則涅、儒同義不相反也。豈其「逞」之訛耶？豈卽楚之郢耶？郢楚而儒，則魯正可反對也。楊升菴六書索隱曰：涅卽澄。澄則清

〔二〕此段原文，手稿未錄，據管子補。

〔三〕「焉」，霜紅龕集各本作「馬」，據管子與文意改。

矣，非泥義也。對儒言，則涅取澄義，儒當取濁義。而儒若本濡，俱从水旁，則涅既澄，濡當濡滯之濡，近於泥濘。可强解之，然竟作儒，不似訛者，奈何？

明乃哲，哲乃明，奮乃苓，明哲乃大行，此言擅美主盛自奮也，以琅湯凌轢人。人之敗也常自此。是故聖人著之簡筴，傳以告後進曰：奮，盛；苓，落也。盛而不落者，未之有也。故有道者不平其稱，不滿其量，不依其樂，不致其度。爵尊則肅士，祿豐則務施，功大而不伐，業明而不矜。夫名實之相怨久矣，是故絶而無交，惠者知其不可兩守，乃取一焉。故安而無憂。〔一〕

毒而無怒，此言止忿速濟沒法也。怨而無言，言不可不慎也。言不周密，反傷其身。故曰此二字衍。欲而無謀，言謀不可以泄，謀泄菑極。夫行忿速遂，沒法賊發，言輕謀泄，菑必及於身。故曰：毒而無怒，怨而無言，欲而無謀。

傅山曰：止忿，藏殺機也。沒法，泅法也，潛行水底之術也。若不止其忿，而顯以行之，欲速成其功，則彼既知覺，則所謂沒法者，我不及發而賊反先發矣。此解必不可廢。

内業語撮

凡物之精，此則爲生，下生五穀，上爲列星。流於天地之間，謂之鬼神；藏于胸中，謂之聖人。是故民氣杲乎如登于天，杳乎如入于淵，淖乎如在于海，卒乎如在于己。是故此氣也，不可止以力而可安以德，不可呼以聲而可迎以音。〔二〕

〔一〕此段原文，手稿未録，據管子補。
〔二〕此段原文，手稿未録，據管子補。

凡心之刑，自充自盈，自生自成。其所以失之，必以憂、樂、喜、怒、欲、利。能去憂、樂、喜、怒、欲、利，心乃反濟。

傅山曰：反濟，謂向隨六賊，渺無所止；猛舍六賊，則本體不遠，如還登岸，所謂反濟也。

彼心之情，利安以寧，勿煩勿亂，和乃自成。折折乎如在於側，忽忽乎如將不得，渺渺乎如窮無極。此稽不遠，日用其德。

傅山曰：恍兮忽兮！

凡道無所，善心安愛。心靜氣理，道乃可止。

傅山曰：房注：「言道無他善，惟愛心安也。」是于「善」字爲句，而又倒「安愛」爲「愛安」。愚謂當以「所」字爲句，言道本無所在，而學道者當善其心而安於愛。蓋安土敦仁之教也。雖云大道不惟無惡，並善亦無之，然既爲有心之人矣，易流於惡。但能不忘繼之者善之初，是道毋生生之原也。

彼道之情，惡音與聲。〔二〕定心在中，耳目聰明。四枝堅固，可以爲精舍。精也者，氣之精者也，氣道乃生。

傅山曰：氣不道則死矣。

形不正，德不來；中不靜，心不治。正形攝德，天仁地義，則淫然而自至。

傅山曰：注：「言欲正形攝德，但能則天之仁，法地之義，則德淫然自至。」非也。蓋言能正形攝德，則天之仁、地之義，自淫然而至，是由外制内之工。然形亦何容易正？坐如泥塑，人

〔二〕此句手稿未錄，據管子補。

心定不邪耳。

敬除其舍，精將自來。精想思之，寧念治之，嚴容畏敬，精將至定。

傅山曰：申正形攝德之義。

内藏以爲泉原，浩然和平以爲氣淵。

人能正靜，皮膚裕寬，耳目聰明，筋信而骨強。

凡道必周必密，必寬必舒，必堅必固。

四體既正，血氣既靜，一意摶即「專」字。心，耳目不淫，雖遠若近。

止怒莫若詩，去憂莫若樂，節樂莫若禮，守禮莫若敬，守敬莫若靜。

凡食之道，大充傷而形不臧，大攝骨枯而血沍，充攝之間，此謂和成。

飽則疾動，飢則廣思，老則長慮。飽不疾動，氣不通於四末，飢不廣思，飽而不廢，老不長慮，困乃速竭。

傅山曰：疾動廣思，眞足以救飽救飢，惟長慮似不能救老者。奈何乎爲言？近死之心，無使復陽，慮矣而非長，朝聞夕死，長往相羊矣。

大心而敢，寬氣而廣，其形安而不移，能守一而棄萬苛。見利不誘，見害不懼，寬舒而仁，獨樂其身，是謂雲氣意行似天。

妙語，妙語！注曰：「能調其氣，故比於雲。意之行氣，似天之布雲也。」傅山曰：雲氣行天，去其意而可矣。

凡人之生也，必以其歡、憂、悲、喜、怒，道乃無處。

傅山曰：歡非喜耶！喜著而歡虛。

得道之人，理丞而屯泄。注曰：「腠理丞達，屯聚泄散也。」
傅山曰：丞猶烝也，火氣上行也。

公孫龍子注〔一〕

白馬論

似無用之言，吾不欲徒以言之辨奇之，其中有寄旨焉。

「白馬非馬，可乎？」

曰：「可。」

曰：問難。「何哉？」

曰：應。「馬者，所以命形也。白者，所以命色也。命色者非命形也，故曰白馬非馬。」

曰：難。「有白馬，不可謂無馬也。不可謂無馬者，非馬耶？有白馬爲有馬。白之，非馬何也？」

曰：應。「求馬，〔二〕黄未與馬爲白，合馬與白復名白馬，是相與以不相與爲名未可，故曰白馬非馬未可。」

曰：應反問。「以有白馬爲非馬，

此句是申言「白馬非馬」本義耳，此「非」字似「有」字。

〔一〕百泉帖作「公孫音」，此據霜紅龕集各本。
〔二〕此處缺一段，百泉帖與霜紅龕集各本均如此。

謂有白馬爲有黃馬，可乎？」

曰：難反應。「未可。」

曰：正應。「以有馬爲異有黃馬，是異黃馬于馬也。異黃馬于馬，是以黃馬爲非馬。以黃馬爲非馬而以白馬爲有馬，此飛者入池而棺槨異處，此天下之悖言亂辭也。

此二句可惜太直率，無味，逕删之。

曰此「曰」字是與上文一人口氣，非又設一難問之人也。有白馬不可謂無馬者，離白之謂也。不離者，有白馬不可謂有馬也。故所以爲有馬者，獨以馬爲有馬耳，非有白馬爲有馬。故其爲有馬也，不可以謂馬馬也。

以白馬爲有馬，不可命爲某馬某馬也。

曰白者不定所白，忘之而可也。白馬者言白，定所白也。定所白者，非白也。

若所謂白馬，不死執其色之白者而忘之，尚有馬在也。今所言白馬，皆執著于白，定爲白馬。定所白者，定以白爲所也。猶釋氏「能、所」之「所」。外既定之爲白，而内又添一白之之人，其「所白」也，不但非黃、非黑，亦未必是白也。此句尤深，謂執著于見白之人非白。

馬者無去取于色，故黃黑皆所以應。白馬者有去取于色，黃黑馬皆所以色去，故唯白馬獨可以應耳。無去者非有去也，故曰白馬非馬。」

黃黑之無去，非白馬之有去也。有去之白馬非無去之黃黑馬也。「無去」二句，文義須連上文「無去取于色」兩句看之，于「去」字下添一「取」字。無去取者，非有去取者也。無去取是渾指馬言，有去取是偏指白馬言。

若以此義作求才繹之，大有會通。白、黃、黑皆馬，皆可乘，故識馬者去其白而可已。其義病在一「白」字，必于不黃、不黑，而馬之道狹矣。

指物論〔一〕

物莫非指，而指非指。是主意。

天下無指，難。物無可以謂物。自己辨得甚精。非指者，天下而物可謂指乎？指也者，天下之所無也。物也者，天下之所有也。以天下之所有，爲天下之所無，未可。天下無指，而物不可謂指也。

　此二句又似承上文「未可」以足其意，與「未可」是一義。

不可謂指者，非指也。

　若與上文連來作一義，上「也」字要作「耶」字讀。

非指者，物莫非指也。天下無指，而物不可謂指者，非有非指也。正義。非有非指者，物莫非指也。物莫非指者，而指非指也。

天下無指者，難。生於物之各有名，不爲指也。不爲指而謂之指，是兼不爲指。以有不爲指之無不爲指，未可。

且指者，天下之所兼。天下無指者，物不可謂無指也。正義。不可謂無指者，非有非指也。

　前云「不可謂指者，非有非指也」，此又云「不可謂無指者，非有非指也」，又深一層。

　非有非指者，物莫非指、指非非指也，指與物非指也。末句「奚待」正是此義。使天下無物指，誰逕謂非指？天下無物，誰逕謂指？天下有指無物指，誰逕謂非指、逕謂無物非指？且夫指固自

〔一〕此篇據晉祠博物館藏手稿整理。霜紅龕集，劉、丁、王本收錄。

爲非指，奚待於物而乃與爲指？

豈不回復幽杳！本是無用之辨，然不能釋者，顧讀之者之不無用其言也。旨趣空深，全似楞嚴。

莊子天下篇：「桓團、公孫龍辨者之徒，飾人之心，易人之意，能勝人之口，不能服人之心，辨者之囿也。惠施日以其知與人之辯，特與天下之辨者爲怪，此其柢也。」〔二〕

通變論

曰：「二有一乎？」

曰：「二無一。」

曰：「二有右乎？」

曰：「二無右。」

曰：「二有左乎？」

曰：「二無左。」

曰：「右可謂二乎？」

曰：「不可。」

曰：「左可爲二乎？」

曰：「不可。」

〔二〕此段，霜紅龕集各本無。

曰：「左與右可謂二乎？」
曰：「可。」
曰：「謂變非不變可乎？」
曰：「可。」
曰：「右有與可謂變乎？」
曰：「可。」
曰：「變隻？」
曰：「右。」
曰：「右苟變，安可謂右？苟不變，安可謂變？」
曰：「二苟無左，又無右，二者左與右，奈何？羊合牛非馬，牛合羊非鷄。」
曰：「何哉？」
曰：「羊與牛唯異，羊有齒，牛無齒，而羊之非羊也、牛之非牛也，未可。是不俱有而或類焉。羊有角，牛有角，牛之而羊也，羊之而牛也，未可。是俱有而類之不同也。羊牛有角，馬無角；馬有尾，牛羊無尾；故曰羊合牛非馬也。非馬者，無馬也。無馬者，羊不二，牛不二，而羊牛二，是而羊而牛非馬可也。若舉而以是，猶類之不同，若左右，猶是舉。牛羊有毛，鷄有羽，謂鷄足一，數足二，二而一故三；謂牛羊足一，數足四，四而一故五。牛羊足五，鷄足三，故牛合羊非鷄。非，有以非鷄也。與馬以鷄寧馬，材不材，其無以類審矣。舉是亂名，是謂狂舉。」
曰：「他辯。」
曰：「青以白非黄，白以青非碧。」

曰：「何哉？」

曰：「青白不相與而相與，反對也；不相鄰而相鄰，不害其方也。不害其方者，反而對各當其所，若左右不驪。故一于青不可，一于白不可，惡乎其有黃矣哉？黃其正矣，是正舉也。其有君臣之于國焉，故强壽矣。而且青驪乎白而白不勝也。白足之勝矣而不勝，是木賊金也。木賊金者碧，碧則非正舉矣。青白不相與而相與，不相勝則兩明也。爭而明，其色碧也。與其碧寧黃。

前云「與馬以雞寧馬」，此云「與碧寧黃」，以碧貼雞，以黃貼馬。

黃其馬也，其與類乎！碧其雞也，其與暴乎！暴則君臣爭而兩明也。兩明者，昏不明，非正舉也。非正舉者，名實無當，驪色章焉，故曰兩明也。兩明而道喪，其無有以正焉。」

下篇末句「天下故獨而正」是此篇總結。末不得不淺，而泄其餘事于君臣，聊復自證。法王、人王必正而尊，尊而無偶。其碧也、驪也，皆非正。非正則不尊不獨，何以正天下？似術非術，似爭非爭。

「通變」兩名，明取易繫「化而裁之，推而行之」二義以命篇者。始曰「無二」，終曰「兩明而道喪，無有以正」，其義則前之「二」卽後之「兩」之對，然則此「一」卽老氏「得一」之「一」，是所貴者在「一」。而開口作問辭曰：「二有一乎？」曰：「二無一。」是就知有顯然之二，而不知有用二之一，卒出一黃于青白之閒，猶以青白喻二而黃喻一耳。又何不可以「不偏之謂中」之語醳此乎？但「中」字爲囫圇理學家所霸，安肯少以其義分之于諸子乎？而其才高意幽，又不能使儒家者如讀其所謂布帛菽粟之文一眼而句讀而大義可了。鄙儒概以公孫龍輩之言置之詈之以自尊，其實不敢惹耳。然此子著書闡微，亦不屑於儒家者之許可我也。然此猶有可以句讀者。至堅白後篇之文，變化縹緲，恍惚若神，著者離焉離，讀者離焉離。呵呵！

千百年下，公孫龍乃遇我濁翁。翁命屬水，蓋不清之水也。老龍得此一泓濁水而鯇桓之，老龍樂矣。

堅白論〔一〕

義實與齊物同，剥處似刑名、法家，而歸宿則非刑名，非法，還似道家者言。

「堅白石三，可乎？」

總是自己難自己，不必看作兩人說。難到無處走底境界，自有一種開通明白受用。

曰：「不可。」

曰：「一可乎？」

曰：「可。」

曰：「何哉？」

曰：「無堅得白，

「無堅但得白」，似謂白要連石說，猶「白石」。又似「堅白」兩字拆不得，無堅但白，也要說「堅白」。

其舉也二；

「舉」字對「廢」字看，稍明。

無白得堅，

〔一〕此篇中傅山注文，百泉帖收錄甚少。其所缺者，均據霜紅龕集各本補。

無白但得堅，也要連石説，猶「堅石」。又似謂無白得堅，也要連説「堅白」。

其舉也二。」

曰：「得其所白，

此「所」字似非語詞「所」字，暗謂「石」字。石爲白堅之所也，離了石，無處著白堅矣。故

曰「之石之于然」。

不可謂無白；得其所堅，不可謂無堅；而之石也之于然也。

此「于」字猶「爲」字，又似與上「而」字同。

非三也？」

曰：「視不得其所堅，

此就色上見白説，故曰視但可見色之白。

而得其所白者，無堅也；拊不得其所白，

此就質之重處説，故曰拊但知其質之堅。

而得其所堅者，無白也。」

曰：「天下無白，不可以視石；天下無堅，不可以謂石。堅白石不相外，藏三可乎？」

曰：「有自藏也，非藏爲藏也。」

曰：「其白也，其堅也，「其」，指石。而石必得以相盛盈，其自藏奈何？」

若説白是爾白也，堅是爾堅也，石必自多其白堅以爲氣勢而驕滿之矣。莫非自露處，那得云自

藏？

曰：「得其白，得其堅，見與不見離。不見離，一一不相盈，故離。離也者，藏也。」

就與石爭之人言，若說我得其白，得其堅，則白、堅不在石上矣，是我見白、見堅、不見石，則見與不見離。有所不見者，是離。其如見堅離白、見白離堅、離堅留白、離白留堅，爾卽奪其白、堅而有之矣。石初不援堅、白以自多也，故爾得而離之。究竟不相外者，在石上。所謂離者，乃其藏也。得見白其白，得見堅其堅，見其白則不見堅矣。所見之白、所不見之堅，實相附離也。所不見之堅，離在一偏，卽當與所見之一爭盈矣。而卒不相盈，故能相附離。能相附離，自然藏于中，猶言石能藏堅、白也。堅字亦然，省。

曰：「石之白，石之堅，見與不見，二與三，若廣修而相盈也。其非舉乎？」

若不理前之「其白」、「其堅」及「得白」、「得堅」之論，但曰「石之白」、「石之堅」，似可以破「一之」之說，然而見白時不見堅，見堅時不見白，見堅、白時又不見石，則見與不見又有二與三矣。益欲廣長其辨，與石相盈，石不用自舉，而爾自舉其一之非三矣。若炤初起「曰」字一難、一答，曰「石之堅」一段，卻又是「堅白石三」之主意，謂有石、有堅、有白，見此不見彼，分明是有二與三，若橫堅相多，其舉之三，非乎？

曰：「物白焉，不定其所白；物堅焉，不定其所堅。不定者，兼。惡乎甚石也？」

不定其爲堅、爲白，兼堅、白而有。「惡乎甚」，猶何物最甚，似謂物之白與堅者，尚無一定之所，而最合堅白而牢者，石而已。「甚」字又恐是「其」字。

曰：「循石，非彼無石，非石無所取乎！全用莊生文法。白似脫一「堅」字。石不相離者，說是一底。固乎然，其無已！」

曰：「于石，一也；

此又謂三者，自開一步。

堅、白，二也，而在於石。故有知焉，有不知焉；有見焉，有不見焉。

　知、見各是一半。

故知與不知相與離，見與不見相與藏。

　若但寬看知、見兩字，不必再索矣；若細窮知、見兩字，尚有深義。是說藏而藏者，還是三底主意。

藏故孰，謂之不離。」

　藏久而熟，熟則忘，本附離而不覺其附離，遂謂之不離矣。

曰：「目不能堅，手不能白，又破非三。不可謂無任，此「任」字似是「堅」字之訛。不可謂無白。其異任也，其無以代也。堅白域於石，堅白爲石所域。惡乎離？」非三。〔一〕

曰：「堅未與石爲堅，而物兼；未與爲堅，

　才曰堅，則不必輒與石爲堅而成一物矣。强以未與爲堅者而堅之，必以其非堅者爲堅。何也？有堅之物也。物猶意也。

而堅必堅。

　自堅者，言之而必堅。

其不堅，此堅字可句。石物而堅，此堅字亦可句。天下未有若堅，

　「石物而堅」是平空以一物爲堅而堅之，是石非其堅之物。

而堅藏。白固不能自白，惡能白石物乎？

〔一〕「三」字，霜紅龕集各本無。

如是之堅者，且又藏其白與堅等，其所謂白，未必眞白也，自以爲白耳。是不能自己見其是非黑白，尚焉能白所石之物乎！「石物」卽上「石物而堅」之「石物」也。

若白者必白，則不白物而白焉。黃、黑與之然。石其無有，惡取堅白石乎？故離也。離也者，因是。力與知果，不若因是。

故堅、白、石三者相離而有之。知其爲相附離而有者，則亦因是而白之，而堅之，而石之，何必爭其爲白也、爲堅也、爲石也？不爭而因之，則知力俱無是處。

且猶白以目、以火見，而火不見，則火與目不見而神見；神不見而見離。

初看，以「神不見而見」爲句；再三看，亦可以「而見離」爲句。又是莊子文。

堅以手，

「堅以手」三字對前「白以目」。

而手以捶，是捶與手知而不知，

對上「不見而見」之義而變其文，所以爲古文。

而神與不知神乎！是之謂離焉離也者，

「離焉離也者」是一句，謂離而不離也。

天下故獨而正。」

末句「離焉離也者，天下故獨而正」，通篇大旨可見。篇中「離」字作去聲讀，如「附離」之「離」。末路精義不遠，髣髴得之，可喜也。

此之堅，非善閉無關揵而不可開之堅。白，非知白守黑之白。所謂堅者，易脆也。所謂白者，易染也。由于其人之諶忤如石者，隨所著見，知而不化，于以内身、外世皆不可卻。〔一〕多少攻守，而卒歸于石亦惡有？又進之于神之不見不知、離而非離者，獨而已矣。謂不離于堅，不離于白，不離于石也。

公孫龍四篇是一義。其中精義大有與老莊合者，但其文又一種堅奧連環，不知莊生當時非公孫龍何故。

鬼谷子中經〔二〕

中經，謂振窮趨急，施之能言。厚德之人，救物勢窮者，不忘恩也。能言者儔善博惠，施德者依道而救，拘執者養使小人。蓋士當世異時，或當因免闐坑，

「闐」字字書無，不知本何字。「闐」字或是「闐」字。〔三〕

或當伐害能言，或當破德爲雄，或當抑拘成罪，或當戚戚自善，或當敗敗自立，故道貴制人，不貴制于人也。制人者握權，制于人者失命，是以見形爲容，象體爲貌，

此形、體，似指人之形、體，非自之形、體。

聞聲和音，解仇鬬郄，綴去郤語，攝心守義。本經記事者，記道數其變，要在持樞、中經。

「見形爲容，象體爲貌」者，謂爻爲之生也，奇。可以影響形容、象貌而得之也。有守之人，

〔一〕「卻」字上，霜紅龕集各本有「費」字。
〔二〕此篇據晉祠博物館藏手稿整理。霜紅龕集劉、丁本收錄。
〔三〕自「不知」至此，霜紅龕集本作「或是闐字。」

此一種人，便不須抬架。目不視非，耳不聽邪，言必詩書，行不僻淫，以道爲形，以德爲容，貌莊色温，不可象貌而得也。如是，隱情塞郄而去之。

伎倆無所用之。可見鬼谷學術，專于用小人耳。

「聞聲和音」，謂聲氣不同則恩愛不接，故商角不二合，〔一〕徵羽不相配。能爲四聲主者，其惟宮乎！故音不和則悲，是以聲散、傷、醜、害者，言必逆于耳也。「傷」似謂犯其可醜之事，〔二〕「害」如疾害之害。「散傷醜害」四字作四義解：散，支離。傷，

刺譏。〔三〕醜，惡詆。害，忮疾。

雖有美行盛譽，不可比目合翼以相須也。此乃氣不合、音不調者也。

「解仇」，謂解羸微細之仇。〔四〕「鬭郄」者，鬭强也。

此一段只是挑釁，教人盡力鬭之，我得而乘之耳。「郄」字當作「乣」字讀則明，謂鬭而使之

乣。〔五〕

强郄既鬭，

〔一〕「合」，手稿、百泉帖、劉本、丁本均無，據鬼谷子四部備要本補。

〔二〕「犯」，霜紅龕集與傅山全書初版本均誤作「把」，據手稿改。

〔三〕「刺譏」，霜紅龕集與傅山全書初版本均誤作「利訊」，據手稿改。

〔四〕此句中，霜紅龕集各本脱「微」字，且傅山注釋「細」字作大字，誤作鬼谷子原文。傅山全書初版本脱傅山注釋「細」字，今據手稿補正。

〔五〕「使」，傅山全書初版本脱，據手稿和霜紅龕集補。

此段似釋「破德爲雄」。

謂勝者高其功，盛其勢；弱者哀其負，傷其卑，污其名，恥其宗。故勝者鬬其功勢，苟進而不知退；弱者聞哀其負、見其傷，則强大力倍而死是也。郄無極大，御無極大，則皆可脅而幷。

刺客之智，全不念我幷之，而又有幷我者。

「綴去」者，謂綴己之繫言，使有餘思也。故接貞信者稱其行，厲其志，言可爲，可復會之期。喜以他人之庶引驗，以結往明疑，疑而去之。「郤語」者，察伺短也。故言多必有數短之處。識其短驗之，動以忌諱，示以時禁，然後結以安其心，收語蓋藏而郤之，無見己之所不能于多方之人。

奸至此極矣。

「攝心」者，

此段似鄒衍之流。〔二〕

謂逢好學伎術者，則爲之稱遠。方驗之，驚以奇怪，人繫其心于己。效之于人驗，去亂其前，吾

吾，謂人所執之我見也。

歸誠於己。遭淫酒色者，爲之術音樂，動之以爲必死，生日少之憂，喜以目所不見之事，終可以勸漫瀾之命，使有復會。

此段不知是慫恿耶，移其心志耶？

「守義」者，

此「義」字只是「宜」字，謂以人之所宜者爲主，不相拗捩。

〔二〕「似」，霜紅龕集各本作「是」。

謂守以人義，探心在内以合者也。探心，深得其主也，從外制内，事有繫由而隨之也。故小人比人，

「深」字卽作「探」字亦可。

小人于人，無可否獻替之義，以水濟水，一味背正道而用之，不顧家國也。故下文云云，至于「轉危爲安、救亡使存」，〔二〕可見中經之言，似傾危之術，而實欲匡救危危之主，其精神全在亂世、亂君上用之。故初言「有守之人」一段，是不須用中經之言者也。然而此等人不可得，是以有此揣摩捭闔之苦。

則左道而用之，至能敗家奪國，非賢智不能守家以義，不能守國以道。聖人所貴道微妙者，誠以其可以轉危爲安、救亡使存也。

文之古奥質摯不待言，而肝腸卻淺細傾險，有聖賢之徒所不屑觀者。

鶡冠子中文與字不可解釋者

鳥乘隨隨　軥辈垂轍

鶡冠天權篇中語，不可解。陸注曰：「轍，或作軟。」〔三〕讀至此而界之，不能過。强以上下之文解之，猶言鳥之乘高也，隨隨然。軥，字書無。猶佝乎？「軥」字從隨隨生來。委委隨隨，而佝曲飛之以下視，而不迷於轍。

〔二〕「使」，手稿、百泉帖作「爲」，據後文與各本改。

〔三〕陸注語，百泉帖無，據霜紅龕集各本補。

蜚卽飛，垂下也，亦曰邊垂之垂。轍，字書無。不知卽「轍」之訛耶？聊讀如耿，猶言燭照之瞖乎？从車則有轍，跡之可見者也。上云「理之所居謂之地，神之所形謂之天，知天故能一舉而四致，並起而獨成」，其卽黃鵠一舉再舉，知山川紆曲、天地圓方之喻耶？下文又曰：「善計者非以求利，將以明數；善戰者非以求勝，將以明勝。」大概不欲蔽蒙鬲塞，而欲灼知遠見之義，登九天而知九地已耳。

大袢〔一〕

道端篇：「觀其大袢，長不讓少，貴不讓賤，足以知禮。」陸注：「袢，或作伴，亦作祥。」

逢臼

王鈇篇：「能爲天下計，明于蚤識逢臼。」注：「一作遠白。」

剕字無音　旱字不解

王鈇篇：「樓剕與旱，四字不解。以新續故，四時執効，應錮不駿。」駿字又不解。錮一作銅。

鉦面不知說甚　凡再見

王鈇篇：「以鉦面達行。」世兵篇：「鉦面備矣。」

〔一〕自此條至合膊條，霜紅龕集各本無，據百泉帖收錄。

韀字

世賢篇：「楚王聞傳，暮韀在身，必待俞跗。」

合膊

天權篇：「連萬物，領天地，合膊同根，命曰宇宙。」陸注：「膊，一作摶，或爲宇宙二字。」「膊」字不知从專从專。卽注中「摶」字，亦不知爲摶、爲摶耶！

莊子

莊子注〔一〕

「故其與萬物接也，至無而供其求，時聘而要其宿，大小，長短，脩遠。」注「大小」六字，則云「皆恣而任之，會其所極而已。」愚謂六字中，長、脩、遠三字意復。略爲疏之，從上文看來，則當云：大者小之，老子「合抱之木，生於毫末」是也；長者短之，老子「千里之行，始於足下」是也。但「脩遠」二字又不與大小、長短同，又少括翻上義。脩以遠之，爲積功累行、任重道

〔一〕 此篇據山西博物院藏手稿整理，由吳連城先生釋文，曹玉琪重校。第一、二、四、五條百泉帖、霜紅龕集各本有。第三條霜紅龕集各本有。標題爲編者所加。

遠耶？天地篇。〔一〕

「苟有其實，人與之名而不受，再受其殃。」注：「有實，故不以毀譽經心也。一毀一譽，若受之于心，則名實俱累，斯所以再受其殃也。」注義非不高，愚看來，本文不爾。如士成綺，既謂爲不仁之矣，我卽受其不仁之名，不爲强辨；若有不仁之實，而又不欲受其名，鬼神將禍之矣，故曰「再受其殃」。

「吾服也恆服，吾非以服有服。」注：「服者，容行之謂也。不以毀譽自殃，故能不變其容。有爲爲之，〔二〕則不服恆服。」注亦說得去。愚謂「服」猶「服罪」之「服」，謂既說我有不仁之罪矣，吾卽服其罪，常常服此一不仁之罪可也。吾不以罪而逃其罪，使罪上有罪也。「有」作「又」字亦可。

「抱甕」、「假脩」、「混沌」，郭注與本文義似左。

「出怒不怒，則怒出於不怒矣；出爲無爲，則爲出於無爲矣。」庚桑篇。二句注：「此故是無不能無有，有不能爲生之意也。」〔三〕「出怒不怒」，猶云人有怒氣，若發出了，則裏面遂無怒氣，可見怒從不怒中生出也。「出爲無爲」，謂人有所欲爲，既爲後，則裏面仍是無爲之心，空空然耳，可見爲是從無爲中生出也。所以下文說：「欲靜則平氣，欲神則順心，有爲也。欲當則緣於不得已。」平其氣自然無怒，緣不得已自然有爲也，皆當。辛鈃、文子有「怒出於不怒」二句。

〔一〕「天地篇」三字，霜紅龕集各本無。
〔二〕「有」字上，霜紅龕集本有一「又」字。
〔三〕上文錄自手稿，霜紅龕集各本無。

莊子語〔二〕

「中純實而返乎情，樂也；信行容體而順乎文，禮也。」繕性篇中妙語。蘭亭記：「古人云：死生亦大矣。」引莊子田子方篇中語。關尹曰：「在己無居，形物自著。」妙語。與金剛了義「心不住法而行布施，如人有目光明，炤見種種色」同義。

已而莊子再見〔三〕

齊物論：「無物不然，無物不可，故爲是舉莛與楹，厲與西施，恢恑憰怪，道通爲一。凡物無成與毁，復通爲一。唯達者知通爲一，是爲不用而寓諸庸。庸也者，用也；用也者，通也；通也者，得也。謂各得也。適得而幾矣，因是已。「是」卽上文「故爲是」之「是」。已而不知其然謂之道。」養生主：「以有涯隨無涯，殆已。已而爲知者，殆而已矣。」

躊躇四顧兩見

養生主曰：「提刀而立，爲之四顧，爲之躊躇滿志。」注：「逸足容豫，自得之謂。」田子方篇：「孫叔敖曰：其在彼耶亡乎我，在我耶亡乎彼，方將躊躇，方將四顧，何暇至乎人貴人賤

〔二〕此篇三條，第一條録自百泉帖。第二、三條據山西博物院藏手稿整理，曹玉琪重校。百泉帖亦收録。標題爲編者所加。

〔三〕此下共六條，據山西博物院藏手稿整理，曹玉琪重校。其中「山木」一條，霜紅龕集各本收録。其它五條百泉帖收録。

哉？」注：「躊躇四顧，無可無不可。」解又少異于前。

山木篇郭句

太公任之言曰：「道流而不明居，得行而不名處；純純常常，乃比于狂。」郭注「道流」至「不明」句：「昧然而自行也。」自「居得行而不名處」句，注：「彼皆居然自得此行耳，非由名而後處之。」句讀皆拙。愚謂「道流而不明居」句，「得行而不名處」句，謂道本不息，如川之流，本非居于明，令人得指而爲表的者。若聖人得而行之，卽行其不明之道，豈得標一名而處于其下，令衆人耳而目之？義極淺，句極分明，不知何所見而以「居」字屬下句。注又硬出「居然」之字也，以明自居，占名自處，那得令人相安。明卽上文「修身以明污」之名，才欲明污，則唯恐其名之不歸我矣。下文「至人不聞」，卽不用名也，至于不亂羣行，妙矣。

復沓

田子方篇：「列禦寇爲伯昏無人射，引之盈貫，措杯水其肘上，發之，適矢復沓，方矢復寓。當是時，猶象人也。」郭注：「盈貫，謂溢鏑也。」發矢復沓：「矢，去也。箭適去，復軟沓也。」方矢復寓：「箭方去未至的，已復寄杯于肘上，言其敏捷之妙也。」愚謂解都不是。

不自許

徐無鬼勞魏文侯：〔一〕「夫神者不自許也。夫神者，好和而惡姦；夫姦，病也，故勞之。」注「不自許」：「物與之耳。」

則陽篇：「王果曰：夫夷節之爲人也，無德而有知，不自許，以之神其交。」同「不自許」三字，而在夷節，不自許則遂又成一種學問。

呲音必　佒音如仰

列禦寇篇：「凶德有五，中德爲首。何謂中德？中德也者，有以自好也而呲其所不爲者也。」「緣循偃佒，困畏不若人，三者俱通達。」注：「既不以事見任，〔二〕乃將接佐之。」

〔一〕此句有誤，按莊子徐無鬼篇，當爲「徐無鬼」答「魏武侯」。

〔二〕「以」，傅山全書初版本脱，據手稿補。

墨子大取篇釋〔一〕

初讀之，不能置，聊以其意旁之，非謂其中之，行當再當三。〔二〕與公孫龍同。

天之愛人也，薄于聖人之愛人也；其利人也，厚于聖人之利人也。大人之愛小人也，薄于小人之愛大人也；其利小人也，厚于小人之利大人也。以臧爲其親也而愛之，非愛其親也；以臧爲其親也而利之，非利其親也。以樂爲利其子，而爲其子欲之，愛其子也；以樂爲利其子，而爲其子求之，非利其子也。於所體之中而權輕重之謂權。權，非謂是也；非，非謂非也。權，正也。斷指以存腕，利之中取大，害之中取小也。害之中取小，非取害也，取利也。其所取者，人之所執也。遇盜人而斷指以免身，利也；其遇盜人，害也。斷指與斷腕利于天下相若，無擇也。死生利若一，無擇也。殺一人以存天下，非殺一人以利天下也；殺己以存天下，是殺己以利天下。於事爲之中而權輕重之謂〔三〕求。求，爲之非也，害之中取小，求爲義，非爲義也。

求義所爲之事之尚未是也，〔四〕卽如害中取小不取大，似爲義事矣，然尚有所惜，是尚非義也。

〔一〕此篇據山西博物院藏百泉帖手稿（殘本）整理，由吳連城先生釋文，曹玉琪重校。
〔二〕「三」上之「當」字，疑衍。
〔三〕以上文，手稿散佚，據百泉帖拓本補，拓本無注。
〔四〕「義」，傅山全書初版本誤作「我」，據手稿改。

故必不顧其害之大者，始爲愛天下之義。

爲暴人語天之爲，是也；而性爲暴人歌天之爲，非也。

暴人，猶言自暴自棄之人。暴殄天物之暴，是無所事事之人。若向他説天之所爲，如春生、夏長、秋收、冬藏之屬是也。若不教之以人爲之事，但性著所爲，暴殄無惜，一味歌天之所爲，則非也。何也？天愛人，不能使人坐而得衣食也。

諸陳執既有所爲，而我爲之陳執，執本文「執」上似脱一「文」字。〔一〕之所爲，因吾所爲也。若陳執既有所爲，而我爲之陳執，陳執因吾所爲也。

即如諸器物，皆不徒爲是，因我得以陳之、執之而爲之也。

暴人爲我，爲天之以人非爲是也，而性不可正而正之。利之中取大，非不得已也；害之中取小，不得已也。

自暴惰窳之人，自以爲我何不任天，而必欲以人事自苦者，不是也。此種性不可正，而欲正之，則無奈何，與之擇其不得已之取而已。謂暴人連害之小者亦不肯取之以利人。於利之中取大，謂存其腕之類，害之中取小，謂斷其指之類。暴人，又似謂殘暴忍人，不肯舍己以利人者，如楊子拔一毛而利天下有所不爲。爲我，即楊子之爲我。爲我者，假之天道自然生殺，何容我爲彼而爲之，是不畏人非者也。以人之所非爲是正經矣。凡自愛之鄙夫，人必羣然非之；而爲我者，不顧陳執。又似謂身體之有臂腕，是天設之，使有所執作之物，而外之可以執者，皆因此能執者而爲之。

〔一〕「文」，傅山全書初版本誤作「陳」，據手稿改。

所未有而取焉，是利之中取大也；於所既有而棄焉，是害之中取小也。

未有而取，謂苦作興利；既有而棄，則暗暗逕不肯厚葬事也。〔二〕

義可厚，厚之；義可薄，薄之；謂儉、列德行。

義可厚，厚生者；義可薄，薄死者也。此義是：不妄費處是儉，有次第處是列，是爲有德于人者之行也。

君上、老長、親戚，此皆所厚也。爲長幼，不爲幼。

卽以生人論之，君上、老長、親戚，皆所當厚也，不得不厚之。凡厚于下者，如長之于幼，爲長養其幼，不自爲幼以待長養于人也。

薄親厚，厚親薄；薄親至薄不至義，厚親不稱行而顧行。

世之于親，厚者過厚，薄者過薄；我則不然，于薄親也厚之，于厚親也薄之。至，到也，致其意而必到也。「薄親至薄不至義」句，謂于薄親，用其至于人之薄者耳，不至于求其爲義之私也。厚親，人皆稱其厚而行于厚，不肯顧其行于薄者而均之；我則不稱厚以行，而顧薄者以行也。是上「薄厚」、「厚薄」之義也。

爲天下厚禹，爲禹也；爲天下厚愛禹，乃爲禹之愛人也。厚禹之加于天下，而厚禹不加于天下，若惡盜之爲加于天下，而惡盜不加于天下。

且如禹，是愛天下之人也。爲天下，遂不敢薄禹之所爲者，爲禹當如此耳。至于爲天下而厚愛禹者，乃爲禹之愛天下之人也。此是要學禹去愛人之意，故下文卽說徒知厚禹之加愛于天下者，

〔二〕「暗暗」，疑爲「暗指」之誤。

而所以爲厚禹者，不肯自己去爲之以加于天下，卻似惡傷人之盗爲加害于天下，而又惡傷人之盗不加于天下者。

愛人不外己，己在所愛之中。己在所愛，愛加於己。倫列之，愛己，愛人也。

謂不肯盡心盡力去作愛人之事，徒有其意而無其實，是愛人而不肯外己。外，猶舍也。不肯舍己，己先在所愛之中。己既在所愛，愛之意必較人而加倍之。等倫列之，〔一〕將以爲愛己以愛人也，而非聖人之愛人也。

聖人惡疾病，不惡危難。正體不動，欲人之利也，非惡人之愛也。

聖人則不自愛以愛人，但惡自己有疾病不能去愛人，不惡外之有危難也。即有危難，聖人不辭其苦，正其體以濟之，其中不爲搖動，只是欲人之有利無害也。初不惡人之愛我也，謂我利人，人必愛我，不必回護之，如彼爲天者之不欲有使人愛我之名也。

聖人不爲其室臧之故在於臧。

聖人不爲居室華美之故而察于華美。臧，且作善字看。在，作察字看。

聖人不得爲子之事。聖人之法，死亡親，爲天下也。

「不得爲子之事」與下句是一義，謂親死則死之，不得厚葬，所以節財爲天下也。〔二〕

厚親，分也。以死亡之體渴興利，有厚薄而無，倫列之興利，爲己語經，語經也。

如儒家之禮，厚親亦是其分之當爲。然以既死亡之體而就之以興利如渴，如天子、諸侯之例，

〔一〕「倫」，傅山全書初版本脱，據手稿補

〔二〕「所」，傅山全書初版本脱，據手稿補。

有厚有薄，而無倫列之于爲民興利之書，以爲己之語經。渴興利，如管子侈葬以爲貧民之利者，然耶？「有厚薄而無」爲句，謂葬似有厚薄分別，而以死人興利之心，無厚薄也。如此讀之，亦覺其語之刻覈矣。

非白馬焉，執駒焉。

非白馬三字，似與公孫龍堅白之辨來。公孫龍輩能勝人之口，不能服人之心，謂其爲無用之言也者。如白馬是馬，故非之，以爲非馬，而卻又于此執駒，駒豈非馬也耶？

說求之，舞說非也；漁大之，舞大非也。

以說求利，而隨舞文，以說非求利也；以漁網大其利，又舞文，以爲不大求也。

三物必具，然後足以生。

三物且作出。此「三物」之「物」，謂養生之物也。

臧之愛己，非爲害己之人也。厚不外己，愛無厚薄，舉己，非賢也。

三物如鷄、豕、犬，須臧爲我養之，當愛之與己無異也。如臧之愛己，既非害己之人，即當舍外其己以愛之矣。故厚人須舍己。不舍己，而不論于所當厚當薄，先舉己而自愛之，不可謂賢也。

義，利；不義，害。志功爲辨。

義，宜也，宜利不宜害。興利之事，須實有其功，不得徒以志爲有利于人也。

有有於秦馬，有有於馬也，智來者之馬也。

且如馬，以秦馬爲良者，而人有之，是實有其有于馬之才也。〔二〕何也？此馬非馬自己從秦來也，是其人之智力來之馬也。功也，非徒有有馬之志也。

愛衆衆世，與愛寡寡世相若，兼愛之有相若。愛尚世與愛後世，一若今之世人也：鬼，非人也；兄之鬼，兄也。

推其愛人之實，愛衆與愛寡須一樣。若但寡能愛，而衆不能愛，不可謂愛也。然但當愛其生者耳，若愛及死者，如愛尚世已往之人如愛見今之人，則是愛鬼矣。鬼，非人也。鬼既非人，而死兄之鬼亦鬼矣，乃尚兄之，何也？

天下之利，驩聖人有愛而無利。

天下之爲利者，皆驩然以聖人有愛人而無利天下之心。又似謂驩然以聖人有愛于鬼而無利于人者。

俔曰：之言也，乃客之言也。天下無人子，墨子之言也。

「俔曰」以下，似墨子設爲儒者非墨子之言者。人見其爲言，曰：是言也，非經語也，乃客之言也。謂其爲偏辭也，非言之正也。使天下無人子者，正是此墨子之言也。

猶在不得已而欲之，非欲之也。

不得已，仍是上文取害之小者。謂不得已而薄葬，是害之小者；含畜、弭盜，是利之大者。

非殺臧也，焉殺盜？非殺盜也。

殺，又似衰殺之殺。厚葬所以誨盜，若不殺臧，焉能殺盜？非衰息盜之法也。上「猶在」，謂

〔二〕「其有」，傅山全書初版本脫，據手稿補。

更察乎其尤者而用之。在，察也，求也。猶，亦可訓謀。「非欲之」，謂不得不然耳，非以此爲樂而欲之也。

凡學愛人，小圜之圜與大圜之圜之同。

圜義不解。然天爲大圜，謂人爲小圜耶？包也，容也。人之愛人，與天之愛人同。圜又似器物名，如囷，如圖，皆有受以給人者。

方至尺之不至也，與不至鍾之至不異。

由分寸而至尺，由升斗而至于鍾。尺，度之小者。鍾，量之大者。數無小大，求至于其分劑之義，一也。只是謂盡力愛去。方，法也，卽「爲仁之方」之「方」。此「至」字，仍是前「薄親至薄不至義」之「至」，謂至于也，到也，致之，〔二〕必到其地也。此當云「不至鍾之不至」，脱一「不」字。

其不至同者，遠近之謂也。

其不至同者，謂如尺不至尺，鍾不至鍾，或遠或近，總之皆不可謂到也。謂愛人者，有及近不及遠，皆不可謂之愛也。當遠而近。

是璜也，是玉也。

璜固是玉所爲，而玉不可謂璜，謂愛人徒有其意，而不力致之。正如口，謂之璜耶？謂之玉耶？下文一義，明志功之辨。

意楹非意木也，意是楹之木也。

〔二〕「之」，傅山全書初版本誤作「也」，據手稿改。

人心想一楹柱，非想木也。然楹是木之作成者也，是想楹之木也，謂其可以爲屋之用也。楹雖是木成，而未成楹時，必竟是木，非楹也。

意指之人也，非意人也，意獲也，乃意禽也。

卽如想指使之人，非徒想人，意欲有所獲，乃所以想得其禽也。若不至于得禽，而徒想其人，無益也。

志功不可以相從也。

猶愛人者，必實實有愛人之功始可。若但有其志于人，何益？所以志是志，功是功，須辨之，不可相從，謂志卽功也。

利人也，爲其人也；富人，非謂其也。〔二〕人有爲也，以富人；富人也，治人有爲鬼焉。

故聖人之利人也，實實爲其生人也，故欲富之。富人，非爲鬼也。生人有力，爲以畜生人，富生人，而治人乃有爲鬼者，何也？申厚葬之爲鬼非爲人也。「非爲其」，「其」字當是「鬼」字。治人，謂聖人之治人者。

爲賞譽利一人，非爲賞譽利人也，亦不至無貴于人。至親之一利，未爲孝也，亦不至于智，不爲己之利于親也。智是之世之有盜也，盡愛是世。智是室之有盜也，不盡是室也。智其一人之盜也，不盡是二人。雖其一人之盜，苟不智其所在，盡惡其弱也。

爲賞譽利一人者，謂治厚葬以爲孝，是爲以名利一人，儒者欲以要譽自貴也耳。卽不爲此賞譽以私利一人，亦不至別無可貴于人者也。推其意，不過圖一孝名耳，況厚葬以爲至親一人之利，

〔二〕「謂」字誤，當爲「爲」字。

未見其爲孝也。且又不至于智，亦不可謂我爲利于親矣。何也？所謂智者，是知世之有盜也。若愛之，使倉稟實而知榮辱，故盡愛于一世之人，使食其力而弭盜心也。智者又知是室之有盜也，不盡空其室以厚死者也。若竭其室以葬，室中之人知之，必盡力以劫之。如盜本一人，而令知其葬中無所有而盡，則其力之欲盡之，不盡不已，是二人盜之矣。何也？謂雖是一人爲盜，苟不知其葬之所在，原盡無所有，但恨其力之弱而不能盡取之耳。此句仍是申上義也。

諸聖人所先爲人，欲名實。名實，不必苟是實也，白敗是石也，盡其白，同是石也。

諸聖人所先爲人者，欲名之稱實也。若名爲實，不必誠有其實，如白敗非石也，而白敗竟可以謂之石矣。白敗似是一物名。若白敗可以謂之石，則凡白者皆是石也。此白石仍是堅白石之義。白敗又似謂物之壞而白者，如白醭、白黴之類。

惟大不與大同，是有便謂焉也？

惟大不與大同。「大」字是「一人」之形，卽人。義謂人之形不同，而但有形焉，便可謂之人焉也？「焉」字，古人之文之妙，後人不知也，虛言多態如此。仍足上「名之非實」也。大，若爲大小之大，如人之大頭、大脚之類，□□之。大馬大牛之類，大馬非大牛也，若去其牛、馬之實而但曰大，知其爲何大也？

以形貌命者，必智是之某也，焉智某也？不可以形貌命者，惟不智是之某也，智某可也。

卽如物之可以形貌命，必以其智而是之，曰之某物某人也；若不可以形貌命，惟不可以智而是之，曰之爲某人某物也，但以其智而某之可也。「智某」與上「是之某」義有深淺，上文多一「之」字，下文去「之」字；上文是實指之詞，下文是想象之詞。「焉智」之「焉」，又與上「便謂焉也」之「焉」同義。子書之用字法之妙如此。「且亦不至于智」至此，皆因一「智」

字衍出名實之義。

諸以居運命者，苟人于其中者皆是也；　去之，因非也。諸以居運命者，若鄉里、齊荆者皆是。諸以形貌命者，若山丘、室廟者皆是也。

諸以居運命，總在下文鄉里、齊荆結之。謂凡以居運者，如人在齊曰齊人，在荆曰荆人，〔二〕故曰「苟人于其中」，謂人苟實在其中也。若荆人而去之齊，齊人而去之荆，不得仍苟實之爲某人也。若山之非丘、室之非廟，實在斯名在，不得混也。

智與意異。

智是的確知之，意是比擬猜度而已。前曰「志功爲辨」，後曰「智與意異」。

重同、具同、連同、同類之同、同名之同、丘同、鮒同、是之同、然之同、同根之同。

金鐵皆重，而金非鐵。凡器，以一件爲一具。具同，而食具非飲具。具，或是貝之訛。具同而錦不同，又有貴賤。連如「連横」之「連」，外連而内各有心也。丘同而有崑、敦。鮒同而有鯽、鰤。同類之同，如熊羆、彪虎、鳳凰、鳧鷖之類同而名不同。鼠璞名同而實異。

有非之異，有不然之異。有其異也，爲其同也。爲其同也異。

非與是異，不然與然異。然非卽似不然矣，而非與不然又微異。因有異矣，而欲同之。其爲同之也，又不盡同也。而各有其私同者，又異。

一曰乃是而然，二曰乃是而不然，三曰遷，四曰强。

其同異之中，略分四種辨之。其一曰乃是而然。乃，猶若也，又猶那个也。猶云是其是而然之。

〔二〕手稿無「人」字，據文義補。

二曰是其不然而不然之，然與不然不欲苟異者也。三曰遷，則就人之意多，猶因其然，然之；不然，不然之，未必皆的是也。四曰強，則執己之意多，猶言本然而強不然之，本不然而強然之。

子深其深，淺其淺，益其益，尊其尊，察次山比，因至優指，復次察聲端名，因請復正。

四者之中，各有深淺益尊。益者溢也，尊者撙也。淺其淺而不爲之深，深其深而不爲之淺，益其益而不爲之尊，尊其尊而不爲之益。詳察之，第次之。山，止也，止而不搖之義。比，櫛也，疏而不紊之義。因此而至于優優有餘裕，的的指之而不可淆，于是又第次詳察其聲，端定其名，使聲名之間，不相假借，因其請謁而復爲正其名，使不得請而有所利焉。

夫辭惡者，人右以其請得焉；諸所遭執而欲惡生者，人不必以其請得焉。

如有所惡之不欲而辭以脱者，有人右之爲力，遂以其請得辭其惡，此人之私爲用力者也。若諸所遭際于天，而有欲有惡生于其中者，非人之所能爲也，則不必以其請得焉。所謂正也，不受其請也。

聖人之拊瀆也，仁而無利愛。

故聖人之拊瀆，惟其仁，而無私利一人、私愛一人之心。拊，猶撫也。瀆，從水從賈，言其賈之如水之平。賈卽商賈之賈，定其價也。價不必輒訓以物值，凡物之輕重，皆可以價名之耳。

古文之字法如此。

利愛生于慮。昔者之慮也，非今日之慮也；昔者之愛人也，非今之愛人也。

凡利愛一人之私，皆生于計慮而有得心也。卽以計慮言之，古人非無慮也，非今之慮也。古人之愛人，非今之愛人也。何也？古公而今私也。

愛獲之愛人也，生于慮獲之利，非慮臧之利也；而愛臧之愛人也，乃愛獲之愛人也。去其愛，而天下利弗能去也。

如以臧獲二種論之，臧主耕，獲主織。愛獲之愛，生于慮獲之織以爲利，與愛臧之耕之利有不同。謂愛獲時，且只愛其織耳；而至于愛臧之耕之時，仍是愛獲之織之愛人者也，但其私心，愛臧之耕時，且不顧愛獲，愛獲之織時，又不顧愛臧。其愛之之私，有在有不在，而耕之利，于愛獲時去之矣；織之利，于愛臧時去之矣。去其私愛，而愛無不在，利亦無不在，故曰：天下之利弗能去也。

昔之知牆，非今日之知牆也。

忽然生出一牆字，奇幻而樸。牆也者，人所依以爲障庇者也。聖人知爲人之障庇，而非爲一人之牆也，又非爲人有時牆、有時不牆也。今日之知，則愛此人時牆此，愛彼人時牆彼，非昔聖人之知之公普之牆，故所以利人者，偏矣。

貴爲天子，其利人不厚于正。

貴爲天子者，其利人莫厚于正，正則普而不偏矣。正，又猶反正爲乏之正。取諸民者有定，不横斂以病之也。

夫二子事親，或遇熟，或遇凶，其親也相若。非彼其行益也，非加也。外執無能厚吾利者，籍藏也，死而天下害吾。特養臧也萬倍，吾愛臧也不加厚。

如二子事親，年適有熟、有凶之不同，其親之、愛之也，不因其熟也而加親，不因其凶也而減親。親之愛子之心，一也。非以爲彼之行爲有益于我也，非故加于我也。外以遇諸天者，而執以行之，無能心于其間，以爲私厚于我之利者。如今之厚葬者，是籍天下之藏以爲死人之藏。

隨爲所盜，而天下仍害吾而不得有其藏。「特」字當是「待」。吾待養于臧之力者萬倍，而我之愛臧也，初不加厚，徒有愛臧之名耳。

「籍藏也，死而天下害吾。特養臧也萬倍，吾愛臧也不加厚。」此句最不可解。藏與臧字易混。愚謂皆是藏字，藏卽葬也。「厚吾利者，籍藏也」，謂厚爲吾之利者，籍天下之物而藏之以爲利耶，終爲天下刼盜之，死而天下仍以此害吾。初意謂此藏是我所藏也，故厚籍之以爲愛，而所以專用力以養於藏者萬倍，〔二〕終必爲盜之。則吾之自愛其藏者，實不爲加厚，不如薄藏之爲厚我也。如此解之則通，與本義不倍，但上下文義難于闕生，只段段讀之可也。

又似謂「吾特以利而養臧也萬倍，原其愛臧之心，實不加厚」三句，當在上「乃愛獲之愛人也」句下，錯之于此。

長人之異，短人之同，其親同者也，故同。

長人、短人不同，而長人之耳目口鼻，短人所同也。謂同有人貌，故謂之同也。

指之人也，與首之人也異。人之體，非一貌者也，故異。

人之指不可謂之首，人之首不可謂之指，是指與首不可同也。謂人之體非一貌，如指體非首貌，首體非指貌，故異之。

將劍與挺劍異。劍，以形貌命者也，其形不一，故異。

如將而奉劍、挺而拔劍異者，謂將有將貌，挺有挺貌，不一形也，故異。

楊木之木，與桃木之木也同。諸非以舉量數命者，敗之，盡是也。

〔二〕此句，傅山全書初版本「專」字下衍一「于」字，「養」字下脫一「於」字，據手稿改。

若不論其形，而但以一名混之，楊木爲木，桃木亦爲木。木之名同，而所以爲楊、爲桃者異也。當其成時，名歸之；當其敗時，名無所著矣。諸器，以量受度數舉而爲名者，惟成之則是，敗之則非矣。若非以量數舉而命之者，卽敗之，亦是也。如桃木之敗者仍曰桃木，楊木之敗者仍曰楊木，謂其木之有用而木之，不因其爲桃與楊也。

故一人指，非一人也；是一人之指，乃是一人也。

指當無用時，豎一人之指，但可謂之指，非一人也。若以一人之指指東是之爲東，指西是之爲西，乃是一人矣。謂指有用處，爲人也。

方之一面，非方也。方木之面，方木，比以故生，以理長，以類行也者。立辭而不明於其所上，忘也。

方者，如東西南北之方。若方其東而不方其三方，未爲方也。如木之有面，而匠石方之，則必比其以宿根之故而生，以文理而長之，以其類而行之。如桃根生桃，楊根生楊，所以正辭出令也，若立辭而不明于其所上。上，猶貴尚也。忘，猶芒也，心芒然無知也。

今人非道無所行，惟有強股肱而不明于道，其困也，可立而待也。

如人行路之有故道，若不循故道而行，所謂如匪行邁謀，是用不集于道，雖股肱之強，亦至于困而已矣。然墨學正在肱股之勤強也，而此又似不徒以肱股之強爲事，則所援禹之股無胈、脛無毛者，皆有道于其中。

後辨，以類行者也。立辭而不明于其類，則必困矣。

謂其行之勤，不徒以其不類之辯而強令于人也。先行而後辨，以其類行之也。以下則言立辭之不知類者。

故浸淫之辭，其類在於鼓栗。

浸，漬。淫，溢。栗，謂戰栗。已戰栗矣，而又鼓之，是益其栗。鼓，所以鼓勇之，非鼓栗也，鼓栗則已甚也。

聖人也，爲天下也，其類在於追迷，或壽或卒。其利天下也，指名，其類在譽石。

聖人之爲天下，不遺餘力，如追尋迷子，無論遠近，以追之及而後止，〔二〕故或壽長，或短卒，皆不計也。

聖人之利天下也，不爲名，爲名之無益于己也。若利天下而指以爲名，與贊美石頭何異？

一日而百萬生，愛不加厚，其類在惡害。

一日而有百萬生人，若愛不爲萬而推之，而單爲一、二人，是不加厚。其類在惡害，謂惡害之加于一人者，卽當惡害之及于萬人者矣，當皆除之也。

愛二世有厚薄，而愛二世相若，其類在蛇文。

愛二世，如愛子愛孫，有厚薄，而所以愛二世之心相若，均一愛也。如蛇之文理，雖有前後、大小，而委委蛇蛇。

愛之相若，擇而殺其一人，其類在阬下之鼠。

愛人無彼此，若不能兼愛，有撿擇而衰殺于一人，其類如阬鼠，私自存活而已。其類在鼠，謂如有二人，而我俱愛之。力有所不能並愛者，聊擇而殺其一人，留一而愛之，則愛乃專而篤。如在阬下之鼠，無所得倉廩而竊之，相嚙之以圖苟存者耳。又鼠者，憂也。憂思過計，如鼠之

〔二〕「追」，手稿作「返」，似筆誤。

在阬下，無復高明、高大之義也。

小仁與大仁，行厚相若，其類在申。

些小之恩與廣大之恩，行其厚意正等。申者，水土長之地。水土之厚大，固足以養人；水土之小薄者，亦于人有養也。

凡興利除害也，其類在漏雍。

見利必興，見害必除，以求利于人，如有漏者，雍而塞之也。

厚親，不稱行而類行，其類在江上井。〔一〕

厚親者，不稱其厚者而行之，而但以同類而行之，所謂愛無差等也。其類在江上，江水之所及，自上而下，無所揀擇而均有沾潤也。類行，前作「顧行」，既因「顧」字解之。此作「類行」，又順「類」字以解之，義似長于「顧」字者。又翻爲解上之以「類」字者，當云于親之當厚者，亦不稱其當厚之義而行之，但以同爲人類而行之，是愛無差等之義也。又帀于「顧」之義矣。道藏墨子「江上」之下有一「井」字。

非不爲己之可學也，其類在獵走。

爲己不爲人，楊子之學也。非不可學以私己，正如獵走獸者之私心，欲苟獲以自養耳，故不學之也。

愛人非爲譽也，其類在逆旅。

愛人之心，非爲人之譽己乃愛之，其類如館人之逆旅，欲人之安穩已耳。

〔一〕「井」，傅山全書初版本脫，據手稿補。

愛人之親，若愛其親，其類在官。

愛無差等，而愛人之親與愛自親無異。如有職官之人，不得背公爲私也。

兼愛相若，一愛相若。一愛相若，其類在死也。

兼愛愛分，一愛愛專。我之于人，無彼此，皆愛，與無二愛之專一愛同意也。人皆有生，而我皆以一愛愛之，除無生者我不愛之。其類如人莫不有死，而我莫不有愛。謂于人定愛之也，矢死以一愛愛人，死而後已也。

文本難盡通，逐字逐句爲之積累而疏之，以求其通，可謂用心于無用矣，然亦必不必之見。不爾，則心留而不去，爾斯置之矣。非爾，亦有留之，暫爾留之，非欲之留，與博奕然。其中「志、功」、「智、意」字最有分別。「拊瀆」字奇，「知牆」字奇。奥義奇文，後世以其不可解而置之。因其文而録之。道藏中亦有此。〔一〕

附：墨子大取篇釋（社科院手稿、霜紅龕集本）〔二〕

奥義奇文，後世以其不可解而置之。因其文而録之。道藏中亦有此。〔三〕

天之愛人也，薄於聖人之愛人也；其利人也，厚於聖人之利人也。

鼓萬物而不與聖人同憂。

〔一〕此段手稿無，據拓本補。

〔二〕此篇據山西省社會科學院藏手稿整理，霜紅龕集各本收録。因與山西博物院藏手稿文字有異，故附録。

〔三〕此段手稿無，據霜紅龕集補。

大人之愛小人也，薄於小人之愛大人也；其利小人也，厚於小人之利大人也。

大人，有德有位者，治人者也。小人，百姓也，治于人者也。百姓依護大人以爲生，故愛大人也。然此就大人能爲人依護者言耳，其常也。若草芥寇讎，則後世之大人矣，小人焉能愛之！

以臧爲其親也而愛之，非愛其親也；以臧爲其利也而利之，〔一〕非利其親也。

臧，即對「獲」之「臧」。臧本非親也，以之爲親而愛之、利之，特愛利臧也，不可謂愛利其親也。若墨子之學愛無差等，則愛利臧與愛利親無異。又似謂非愛利其親我，而我爲愛利之也。

以樂爲利其子而爲其子欲之，愛其子也，以樂爲利其子而爲其子求之，非利其子也。

且如愛子者，於諸所謂可樂可利之業，如良田廣宅，〔二〕爲其子欲有，是樂而利之，固愛子之常也。若不令子勤劬自力爲之，而爲之張角以求之，是所謂牛馬人也，則子終爲温飽惰窳之人，其利之適所以害之矣。

於所體之中而權輕重之謂權。權，非謂是也；非，非爲非也。〔三〕權，正也。斷指以存⿰目蚤，⿰目蚤，疑腕之譌。利之中取大，害之中取小也。害之中取小，子「子」字衍。非取害也，取利也。其所取者，人之所執也。

因愛利之有似是而非者，求其所謂是是非非者，〔四〕有權焉。權，不過當其輕重而已。輕輕而重重則是，輕重而重輕則非。權而求其非者，爲是也；求其非非者，爲非也。爲，去聲如此。若

〔一〕「以臧爲其利也」六字，手稿無，據霜紅龕集補。
〔二〕「良田」，霜紅龕集本作「廣田」。
〔三〕「非爲非」，霜紅龕集本作「非謂非」。
〔四〕「是是非非」，霜紅龕集本作「是非」。

平聲，則權非謂欲其是也，而于非非者畢竟斷之爲非也。〔一〕非非再狎，猶「此不是，彼不是」也。〔二〕權所以正是非，非所以正輕重也；〔三〕輕重且不必權于外。〔四〕卽就其身體權之，輕重有較然者。如指、腕是也。指、腕俱不可斷，不得已而斷指，〔五〕是害之小者，存腕則利之大者。取而存者腕，腕爲人之所用以爲執者也。

遇盜人而斷指以免身，利也；其遇盜人，害也。〔六〕

文義當先云「遇盜，害也；而斷指免身，利也」。此卻先言利後言害。

斷指與斷腕利於天下相若，無擇也；

爲愛利天下者，斷指與腕一也。謂指可不惜，腕亦可不惜也。

死、生利若一，無擇也。

生以利天下與死以利天下若一，則生亦可不惜也。〔七〕

殺一人以存天下，非殺一人以利天下也，殺己以存天下，是殺己以利天下。

殺人存天下，必竟是殺人，不如殺己以利天下。

〔一〕「者」，霜紅龕集本無。

〔二〕「彼」，霜紅龕集本作「必」。

〔三〕「非」字，傅山全書初版本脫，據手稿補。

〔四〕「必」，霜紅龕集本作「彼」。

〔五〕「不得已」三字，霜紅龕集本無。

〔六〕「也」，霜紅龕集本無。

〔七〕此段傅山釋文，霜紅龕集本無。

於事爲之中而權輕重之謂求。〔一〕求，爲之非也，害之中取小，〔二〕求爲義，非爲義也。求其最不傷于義者而爲之。求義之所爲者，尚非而未盡是也，即如害之中取小不取大，似義矣，〔三〕然尚有所惜，尚非義也。故必須不顧害之大者，始盡愛天下之義。〔四〕苟可以利天下，斷腕可也，死可也。

爲暴人語天之爲，是也；而性爲暴人歌天之爲，非也。諸陳執既有所爲，而我爲之陳執，執之所爲，因吾所爲也。若陳執既有所爲，而我爲之陳執，陳執因吾所爲也。

暴猶自暴、暴殄之暴。自暴惰窳無所事事之人，與之言天生、天殺之道，則是；若任性暴殄，而爲歌詠天之所爲，人亦當如此不勤不苦，則非也。暴又如殘忍之人自爲而不爲人，如楊子不肯拔一毛者，〔五〕皆可通。

暴人爲我，

暴人爲我，似指爲我之楊朱，拔一毛以利天下不爲者説。

爲天之以人非爲是也，

暴人爲去聲殘暴、〔六〕自暴之人，爲我，而假之天道自然生殺，何容我爲彼而爲之？是不畏人

〔一〕「重」，手稿作「衆」，據文義與霜紅龕集本改。
〔二〕「中」字，霜紅龕集本無。
〔三〕「似」字，霜紅龕集本無。
〔四〕「始」，霜紅龕集本作「使」。
〔五〕「楊子」二字，霜紅龕集本無。
〔六〕「去聲」二字，霜紅龕集本無。

非，以人之所非爲是。凡暴殘自爲之鄙夫，人必羣非之，而爲我之暴人不顧。而性不可正而正之。利之中取大，非不得已也；害之中取小，不得已也。

此種性原不可正，而欲正之，則無奈何，與之擇其不得已之取而已。謂暴人并害之小者亦不肯取之以利人。利取大，害取小，卽存腕、斷指之類。〔一〕

所未有而取焉，是利之中取大也；

若作興利，皆未有而取者，是利之中取大。

於所既有而棄焉，是害之中取小也。

既苦作而有之，而又有棄之，〔二〕當于害之中取小。此以下語義，〔三〕暗逗不厚葬。

義可厚，厚之；

可厚，厚生者。

義可薄，薄之；

可薄，薄死者。

謂儉、列德行。

不妄費爲儉，有次第爲列，是爲有德於人者之行也。

君上、老長、親戚，此皆所厚也。

〔一〕「類」，霜紅龕集本作「說」。
〔二〕「有」字，霜紅龕集本無。
〔三〕「義」，霜紅龕集本作「意」。

卽以生人論之，如君上、長老、〔二〕親戚，皆所當厚，不得不厚之。

爲長幼，不爲幼。

而厚施于下者，如長之于幼，爲長養其幼，不自爲幼以待長養于人也。

薄親厚，厚親薄；薄親至薄不至義，句。〔三〕

世之于親，厚者過厚，薄者過薄；我則不然，於薄親也厚之，於厚親也薄之，卽所謂薄親用其至于人之薄者耳，不至于取其爲義之私也。

厚親不稱行而顧行。

厚親，人皆稱其厚而行于厚，不肯顧其行于薄者而均之；我則不稱厚以行，而顧薄者以行也。仍是「薄厚」、「厚薄」之義也。其義卽含厚葬誨盜，正見我薄親之厚；而儒之所爲，乃厚親之薄。

爲天下厚禹，爲禹也；爲天下厚愛禹，乃爲禹之愛人也。厚禹之加於天下，而厚禹不加於天下，若惡盜之爲加於天下而惡盜不加於天下。愛人不外己，己在所愛之中。己在所愛，愛加於己，倫列之，愛己，愛人也。聖人惡疾病，不惡危難。正體不勤，欲人之利也，非惡人之愛也。聖人不爲其室臧之故在於臧。聖人不得爲子之事。聖人之法，死亡親，爲天下也。厚親，分也。以死亡之體渴興利，

〔二〕「長老」，霜紅龕集本作「長者」。
〔三〕「句」字，霜紅龕集本無。

渴興利，〔一〕如管子侈葬以爲貧民之利者。〔二〕有厚薄而無，倫列之興，〔三〕爲已語經，語經也。

且如禹之無胈無毛，是愛天下之人也。如此爲天下，而遂不敢薄禹之所爲，爲禹當如此。至于爲天下而厚愛禹者，乃爲禹之愛天下之人也。此是要效禹愛人之意，故下云徒知厚禹之加愛于天下，〔四〕而所以爲厚禹者，不肯自己去爲之以加于天下，卻似惡傷人之盜加害于天下，而又惡傷人之盜不加于天下者。謂不肯盡心盡力以爲愛人之事，徒有其意而無其實，是愛人而不肯外己。外，猶舍也，除己在外也。不肯外己，己先在所愛之中。己既在所愛，愛己之意必較人而倍之，先之。等倫列之曰，將愛己以愛人也，非聖人之愛人也。聖人則不自愛以愛人，但惡自有疾病不能去愛人，不惡外之有危難也。卽有危難，聖人不辭其苦，正其體以濟之，其中畧不搖勸，只欲人之有利而無害也，初不惡人之愛我也。何也？我利人，人必愛我，不必回護之，如彼爲天者之不欲有使人愛我之名也。然聖人實不爲使人之愛我而始愛之。如上棟、下宇之室，所以使人無風雨之患也，而特臧之、〔五〕善之，初不爲其室而臧之，故察于室之如何而臧，豈望室之感我臧彼而臧我也？蓋室以居生人，惟恐其不盡善如大壯耳。至于居死人者，有異于此。故聖人竟有不得爲人子之事之時。何也？不厚葬也。所以聖人之法，有死亡親者，不侈靡于葬，所以爲天下惜財也。故厚親，是分之所當爲也；至于以死亡之體而就之以爲興利之資，而

〔一〕原文與注文之「渴興利」，霜紅龕集本均作「渴利興」。
〔二〕「侈」，霜紅龕集本作「移」。
〔三〕「興」，霜紅龕集本作「興利」。
〔四〕「故下云」，霜紅龕集本作「故下文卽云」。
〔五〕「特」，霜紅龕集本作「時」。

如渴以爲之，定天子、諸侯、大夫棺椁、衣襲之類，有厚薄而無謂分別，〔一〕其葬似有厚薄，而以死人興利之心無厚薄也。倫列之，以爲己之語經。〔二〕語經，云譏儒者之語，〔三〕不足爲經也。

非白馬焉，執駒焉。

即如無用之言「白馬非馬」，而又于此執駒，駒豈非馬也？執駒，猶所謂定駒也。

說求之，舞說，非也，漁大之，舞大，非也。

以說求利，而隨舞其說以爲非求利也；〔四〕以漁網大其利也，〔五〕而隨舞其大，非其大求也。

三物必具，然後足以生。

鷄、犬、豕三物所以養生也，必具之而後足以爲生。〔六〕其于三物也，必愛之，爲其有利于己也。臧之愛己，非爲害己之人也。厚不外己，愛無厚薄，舉己，非賢也。

至于臧之用力于己，是愛己之人，非害己之人也。愛之當更厚于三物矣，故厚之當外己。不舍己，而不論于當厚薄，先舉己而自愛之，不可謂賢也。

義，利；不義，害。志功爲辨。有有於秦馬，有有於馬也，智來者之馬也。

義者，宜也，宜利不宜害。興利之事，須實有功，不得徒以志爲有利于人也。且如馬，以秦馬而良者，而人有之，是實有其有于馬之才也。何也？此馬非自從秦來也，是其人之智力來之馬

〔一〕「厚薄」，霜紅龕集本作「分別」。
〔二〕「己之」二字，霜紅龕集本無。
〔三〕「云」，霜紅龕集本作「曰」。
〔四〕「舞」，霜紅龕集本無。
〔五〕「以」字，霜紅龕集本無。
〔六〕「足」，霜紅龕集本作「可」。

也。功也，非徒有有馬之志也。

愛衆衆世，與愛寡寡世相若，兼愛之有相若。愛尚世與愛後世一若今之世人也：鬼，非人也；兄之鬼，兄也。

推其愛人之實，愛衆與愛寡相若。若但能愛寡而不能愛衆，不可謂愛也。世謂衆之在此世，我俱愛之，不見多與寡之在此世，我愛之不見少，用心力一也。謂愛寡是盡我一世之力，而愛衆亦盡我一世之力，仁以爲己任，死而後已也。然但愛及生人耳，若愛及死者，如愛尚世已往之人如愛見今之人，則後世我不及見之人亦當愛如我同時之人矣。而用愛者，爲其人也，至于鬼，則非人矣。鬼既不可謂人，而死兄亦鬼矣，乃尚兄而人之，何也？

天下之利，驩聖人有愛而無利。

天下之愛利者，皆驩然以聖有愛人而無利天下之心。

俔曰：

俔，譬喻也，于此無當。如罄義開口語辭合。

之言也，乃客之言也。天下無人子，墨子之言也。

「俔曰」以下，似墨子設爲儒者非墨之言。俔其言曰：是言也，非經語可以爲主者，乃一偏之辭之客言也。其言非正也。使天下愛無差等而薄葬其親，無人子之情者，是墨子之言也。

猶在不得已而欲之，非欲之也。

不知我墨家者，正尤察其不得已者而欲之，卽上所言害之小者，謂薄葬是不得已，而弭盜是取利之大者。

非殺臧也，焉殺盜？非殺盜也。

殺，減也，衰殺之殺。葬臧也，厚葬所以誨盜。若不衰殺其臧，焉能衰殺其盜？非衰息盜之法也矣。〔一〕

凡學愛人，小圜之圜與大圜之圜之同方。〔二〕

圜字不解，似謂篅之圜以盛穀者。〔三〕小圜與大圜盛穀雖有多寡之異，然以養人之用則同。故學愛人，各盡其所受之量，〔四〕以愛人同方法也。

至尺之不至也，與不至鍾之至不異。其不至同者，遠近之謂也。

如由寸而至于尺，由升斗而至于鍾，其度量無小大，而求至于分劑一也。〔五〕此「至」字，與前「至薄不至義」之「至」同，謂至于也，到也，致之必到其地也。「不至鍾之至」，「至」上似脱一「不」字，與上「尺之不至」同。謂尺不至尺，鍾不鍾，〔六〕或遠或近也。是璜也，是玉也。

是其爲璜者，是其以玉爲之也。若石，則不可謂之璜矣。〔七〕

意楹非意木也，意是楹之木也。〔八〕

〔一〕「也矣」，霜紅龕集本作「也明矣」。

〔二〕霜紅龕集本於「同」字上無「之」字。

〔三〕「篅」，霜紅龕集本作「⿱竹山而」。

〔四〕「受」，霜紅龕集本作「愛」。

〔五〕「一」字上，霜紅龕集本尚有一「則」字。

〔六〕「不」字下，霜紅龕集本尚有一「至」字。

〔七〕「謂」，霜紅龕集本作「爲」。

〔八〕「意是楹之木也」一句，霜紅龕集本無。

意楹非意木，意是其可以爲楹之木，非但木之而已。〔二〕若但木之，則桷宊皆木也，不可爲楹也。

意指之人也，非意人也，意獲也，

意可指使之人，非但人也，意用其人而有所獲也。

乃意禽也。志功不可以相從也。

意人乃實意禽也。意僅可曰志，不可以爲功，必得楹、得禽而後可云功也。志與功不可相從，而得以志爲功也。故志是志，功是功，當辨也。

利人也，爲其人也；富人，非爲其此下似當有一「鬼」字。也。

聖人之利人也，實爲其人之生也，而欲富之，〔三〕非欲爲其鬼而富之也。

人有爲也，以富人；富人也，治人有爲鬼焉。

生人之有爲也，本以富生人；富生人而治人者，乃有爲鬼者，何也？申厚葬之爲鬼非爲人也。

「非爲其」，「其」宇當作「鬼」字。

爲賞譽利一人，非爲賞譽利人也，亦不至無貴於人。至親之一利，未爲孝也，亦不至於智，不爲己之利于親也。智是之世之有盗也，盡愛是世。智是室之有盗也，不盡是室也。智其一人之盗也，不盡是二人。雖其一人之盗，苟不智其所在，盡惡其弱也。

儒家治厚葬，以利其得一孝名耳。是爲稱賞名譽以利一人，非爲以賞利實有利於衆人也。充其

〔二〕「已」，霜紅龕集本無。

〔三〕「而」字下，霜紅龕集本尚有一「人」字。

要譽之心，卽不爲此厚葬以求貴于人，〔一〕亦不至別無可貴于人之事。卽欲因此博一孝名，況厚葬以爲至親一人之利，不可語孝也。猶言于至親博一孝名以利心，〔二〕則名而已矣，尚得爲眞孝乎！不孝且勿論，而以厚葬誨盜，且亦不智，是不見己之有利于親處也。

諸聖人所先爲人，欲名實。名實，不必苟是實也，白敗是石也，盡其白，同是石也。惟大不與大同，是有便謂焉也？以形貌命者，必智是之某也，焉智某也？不可以形貌命者，惟不智是之某也，智某可也。

聖人所爲人于名實之閒，欲名之有實也。若但曰名實，徒有其名而不必誠是其實，則白敗是石也。白敗不知何物，當時或有此名，可見當時諸子多持堅白石之論，故此及之以辨名實。若但以白爲石，如物之壞而敗者，如白醭、白黴之類，〔三〕皆可謂之石矣。卽以大言之，如大馬非大牛也，若去實而不分辨之，但曰大，是何大也？〔四〕是有大形者卽謂之大焉也？不論其爲大某大某也。「焉」在此處作了語，是盡其辭也，故物之以形貌命者，必知是物爲某物，則盡其辭而名之曰「焉智某」也；若不可以形貌命者，〔五〕知之不眞，不能的確知是物爲某物也，但「智某之」可也，不得盡其辭曰「焉智某」也，此「焉」，如漢碑「焉焉矣矣」，終辭也，決辭也。「焉知某」，「焉」開口卽用之，似當作「安」字、「惡」字之例，而語氣承上，便謂「焉也」

〔一〕「貴」字，霜紅龕集本無。
〔二〕自上「況厚葬」至此句「博一孝名」，霜紅龕集本無。
〔三〕「類」字，霜紅龕集本無。
〔四〕「是何」，霜紅龕集本作「如何是」。
〔五〕「若」字下，霜紅龕集本尚有一「甚」字。

來，不得作安、惡義也。

諸以居運命者，苟人於其中者皆是也；去之，因非也。諸以居運命者，若鄉里、齊荆者皆是。諸以形貌命者，若山丘、室廟者皆是也。智與意異。重同、具同、連同、同類之同、同名之同、丘同、鮒同、是之同、然之同、同根之同，有非之異、有不然之異。有其異也，爲其同也，爲其同也異。一曰乃是而然，二曰乃是而不然，三曰遷，四曰强。子深其深，淺其淺，益其益，尊其尊，察次山比，因至優指，復次察聲端名，因請復正。夫辭惡者，人右以其請得焉；諸所遭執而欲惡生者，人不必以其請得焉。聖人之拊，句。瀆也，句。

「瀆」字字書不見。「聖人之拊」句，「瀆也」句。〔一〕拊與撫同，此非「拊擊」之「拊」，蓋「拊循」之「拊」，猶撫循也。〔二〕从賈从水。水，平也。稱物平施，如物之貴賤之價也，不容私心輕重之。下文「仁而無利愛」是也。

仁而無利愛。利愛生于慮。昔者之慮也，非今日之慮也；昔者之愛人也，非今之愛人也。愛獲之愛人也，生於慮獲之利，非慮臧之利也；而愛臧之愛人也，乃愛獲之愛人也。去其愛，而天下利弗能去也。昔之知牆，非今日之智牆也。〔三〕

突出「知牆」兩字，〔四〕奇幻而樸。牆所以障護也，又堵禦不可過也。

貴爲天子，其利人不厚于正。夫二子事親，或遇熟，或遇凶，其親也相若。非彼其行益也，非加也。

〔一〕「聖人」至此二句，霜紅龕集本無。
〔二〕「撫」，霜紅龕集本作「拊」。
〔三〕「智」，霜紅龕集本作「知」。
〔四〕「知」，霜紅龕集本作「如」，誤。

外執無能厚吾利者，籍臧也，死而天下害。吾特養臧也萬倍，吾愛臧也不加厚。

居運，猶出移在此在彼也。凡以居運名者，皆實實有人于其中者，如居齊曰齊人，而去之荆，則不得謂齊人矣之類也。卽如山之非丘、室之非廟，實在斯名在，不得曰丘卽山、廟卽室也。的的知之之智，〔一〕仿佛度之，意不同也。同而不同之閒，不勝言之。而重則有金之、鐵之重。重同而金、鐵異。器具有飲具、食具之類。「具」或是「貝」之訛。錦有異者亦通。連如「連衡」之「連」，外連而内各有心也。連又鉛錫之名，然上有「重」矣，此不必復作錫解也。又四里爲連，十里爲鄉，亦可解去。同類之同，如熊羆、鳳皇類同而名不同。名同，如鼠璞名同而實異。丘同而有崑、有敦。〔二〕鮒同而有鯽、鰤。同是、同然，是、然有異。同根而枝葉異，〔三〕非與是異，不然與然異，非卽似不然矣，〔四〕而非與不然又微異。因有異也，而欲同之，其爲同之也，又不能渾同，而各有其私同者又異。楞嚴「因彼所異，因異立同」之語可互明此旨。其同異之中，畧分四種辨之。其一曰乃是而然。乃，猶若也，又猶那個也。猶云是其是而然之。二曰是其不然而不然之，然與不然不欲苟異者也。三曰遷，則就人之意多，猶因其然，然之；因其不然，不然之。又既然之，而時復不然之；既不然，而又時復然之，無定見也。四曰强，則執己之意多，猶本然之而强不然之，本不然而强然之。四者之中，各有深淺尊益。尊者，撙也。益者，溢也，深其深而不爲之淺，淺其淺而不爲之深，益其益而不爲撙，撙其撙而不爲之

〔一〕此句，霜紅龕集本作「的二知之智」。
〔二〕「有崑、有敦」，霜紅龕集本作「有崑、敦」。
〔三〕「根」字下，霜紅龕集本尚有一「同」字。
〔四〕「非」，手稿與霜紅龕集各本作「非非」，衍一「非」字，據文義删。「似」，霜紅龕集本作「是」。

益。詳察之，第次之，山止而不移，比櫛而不紊。因而至裕乎其指，歷多而見定。于是又詳察其聲，端定其名，使聲名之間不相假借，因其請謁而復正其名，使不得請而有所利焉。如有所惡而不欲，而欲辭以脱者，有人爲右而用力，遂以其請得辭其惡，此人之私爲用力者也。若諸所遭際于天而有欲、〔一〕有惡生于其中者，非人之所能爲也，則不必以其請得焉。所謂正也，不受其請也。故聖人之于人，拊瀆而無私利一人、私愛一人之心。拊，撫也。瀆，平也。凡利愛一人之私，皆生于計慮而有得心也。〔二〕卽以計慮言之，古人非無慮也，非今之慮也。古人之愛人也，非今之愛人也。何也？古公而今私也。如以臧獲二種論之，臧主耕，獲主織。獲，人也。臧，人也。愛獲、愛臧，同一愛人之心也。愛獲之愛，生于慮獲之織之利，與愛臧之耕之利有不同。謂愛獲時，且但利其織耳；〔三〕而至于愛臧之耕之時，仍是愛獲之織之愛人者也，但其私心，愛臧耕時，〔四〕卽不顧愛獲，愛獲之織時，〔五〕又不顧愛臧。其愛之之私，有在有不在，而耕之利，于愛獲時去之矣，織之利，于愛臧時去之矣。去其私愛而愛無不在，利亦無不在，故曰天下之利弗能去也。如牆也者，人所依以爲庇者也。聖人知爲人之牆，而非爲一人之牆也，又非于人有時牆、有時不牆也。今日之智，則愛此人時牆此，愛彼人時牆彼，非昔聖人公普之

〔一〕「際」，霜紅龕集本無。
〔二〕「也」字，霜紅龕集本無。
〔三〕「但」，霜紅龕集本作「只」。
〔四〕「耕」之上，霜紅龕集本尚有一「之」字。
〔五〕「織」，手稿脱，據上文例補。

牆，故所以利人者偏矣。貴爲天子而利人者，莫貴于正。正猶反正爲乏之正，〔一〕取諸民者有定，不横征以病之。正如牆之可以爲蔽禦，又可以堵界而不過，故正之厚于人也，爲拊瀆，爲智牆，〔二〕取之有度，愛之不偏。

長人之異，短人之同，其貌同者也，故同。

長人與短人異，異于長短也，〔三〕而長人之耳目口鼻，短人所同也。謂同有人貌，故謂之同也。

指之人也，與首之人也異。

若作「人之指與人之首也異」，豪無味矣。指之人與首之人，謂指上底人與首上底人，義遂奥遠無窮，〔四〕古文之非今文爾爾。如象王經之「鼻之象、耳之象」，然彼文卻作「象底鼻、象底耳」，〔五〕直而不畜。人之體，非一貌者也，故異。將劍與挺劍異。劍，以形貌命者也，其形不一，故異。楊木之木，與桃木之木也同。諸非以舉量數命者，敗之，盡是也。人之指不可謂首，首不可謂指，是指與首不可同也。謂人之體非一貌，指體非首貌，首體非指貌，故異。如將而奉劍、挺而拔劍異者，謂將有將貌，挺有挺貌，不一形也，故異。若不論其形貌，而但以一名混之，如楊木爲木，桃木亦爲木。

〔一〕「反正爲乏」，霜紅龕集本作「反偏爲正」。
〔二〕「智牆」，霜紅龕集本作「知堵」。
〔三〕「異」，霜紅龕集本無。
〔四〕「義」，霜紅龕集本作「意」。
〔五〕「彼文卻作」，霜紅龕集本作「彼卻又作」。

故一人指非一人也；〔二〕是一人之指，乃是一人也。方之一面，非方也。方木之面，方木，比以故生，以理長，以類行也者。立辭而不明於其所上，忘也。今人非道無所行，惟有强股肱而不明於道，其困也，可立而待也。後辨，以類行者也。立辭而不明於其類，則必困矣。故浸淫之詞，其類在於鼓栗。

指當無用時，豎一人之指，但可謂之指，非一人也。若以一人之指指東是之爲東，指西是之爲西，乃是一人矣。謂指有用處，爲人也。方者，如東西南北之方。若方其東而不方其三方，未爲方也。如木之有面，而匠石方之，則必比其以宿根之故而生，以文理而長之，以其類而行之。如桃根生桃，楊根生楊，所以正辭出令也，若立辭而不明其所上。上，猶貴尚也。忘，猶芒也。心芒然無知也。如人行路之有故道，若不循故道而行，所謂如匪打邁謀，是用不集於道，雖股肱之强，亦至於困而已矣。然墨學正在股肱之勤强也，而此又似不徒以股肱之强爲事，則所援禹之股無胈、脛無毛者，皆有道於其中。謂其行之勤，不徒以其不類之辨而强令於人也。先行而後辨，以其類行之也。以下則言立辭之不知類者。浸，漬，淫，溢。栗，謂戰栗。已戰栗矣，而又鼓之，是益其栗。鼓，所以鼓勇也，非鼓栗也，鼓栗則已甚也。〔三〕

聖人也，爲天下也，其類在于追迷，或壽或卒。

聖人爲天下，必于見其功。如追迷子者，必獲而歸之，或壽或卒，無半途而返之理。

其利天下也，指名，其類在譽石。

〔二〕「一人指」，傅山全書初版本脱一「人」字，據霜紅龕集補。

〔三〕此段注釋，手稿無，據霜紅龕集補。

聖人之利天下也，不爲名，爲名之無益於己也。若利天下而指以爲名，與贊美石頭何異？〔一〕

一日而百萬生，愛不加厚，其類在惡害。

一日而有百萬生人，若不愛爲萬而推之，而單爲一二人，是不加厚。其類在惡言，謂惡害之加於一人者，卽當惡害之及於萬人者矣，當皆除之也。〔二〕

愛二世有厚薄，而愛二世相若，其類在蛇文。

愛子孫當有厚薄也，而愛孫與愛子同一愛心，其類順而有禮。蛇，順也，委迤也。文，禮之節也。儀禮鄉射：「福長如笴，〔三〕龍首，其中蛇交，韋當。」蛇，亦委蛇之義，非龍外又有蛇也。

愛之相若，擇而殺其一人，其類在阬下之鼠。

謂如有二人，而我俱愛之。力有不能並者，聊擇而殺其一人，留一而愛之，而愛乃專而篤。如在阬下之鼠，無所得倉廩而竊之，相囑之以圖苟存者耳。又鼠者，憂也。憂思過計，如鼠之在阬下，無復高明、高大之義也。〔四〕

小仁與大仁，行厚相若，其類在申。

仁無小大，皆行之以厚。申，堅也，身也，信也。必以身堅行其仁，以成物，如萬物至申而成也。又水土生于申。水土無論小大，皆人所依以爲生者也。故曰類在申。

凡興利除害也，其類在漏雍。

〔一〕此段注釋，手稿無，據霜紅龕集補。
〔二〕此段注釋，手稿無，據霜紅龕集補。
〔三〕「福」，霜紅龕集本作「幅」。
〔四〕此段注釋，手稿無，據霜紅龕集補。

興利除害，在有所漏者，〔一〕而雍之，謂塞其隙也。〔二〕

厚親不稱行而類行，其類在江上。

厚親之道，不稱量輕重而行之，但以其同類者，即行如江上之于舟，〔三〕舟無大小輕重，同爲浮之。

非不爲己之可學也，其類在獵走。

爲己不爲人，楊子學也。非不可學以私己，正如獵走獸者之私心，心欲苟獲以自養耳，故不學之也。〔四〕

愛人非爲譽也，其類在逆旅。

愛人非要譽取名也，如逆旅之待過客，令客安耳。

愛人之親，若愛其親，其類在官。

愛無差等，而愛人之親與愛自親無異，如有職官之人，不得背公爲私也。〔五〕

兼愛相若，一愛相若。一愛相若，其類在死也。

兼愛愛分，一愛愛專。我之於人，無彼此，皆愛，與無二愛之專一愛同意也。人皆有生，而我皆以一愛愛之，除無生者我不愛之。其類如人莫不有死，而我莫不有愛。謂於人定愛之也，矢

〔一〕「在」，霜紅龕集本作「如」。
〔二〕「隙」，霜紅龕集本作「源」。
〔三〕「行」、「舟」，霜紅龕集本無。
〔四〕此段注釋，手稿無，據霜紅龕集補。
〔五〕此段注釋，手稿無，據霜紅龕集補。

死以一愛愛人，死而後已也。〔一〕

莊子：「相里勤之弟子五侯之徒，南方之墨者苦獲、已齒、鄧陵子之屬，俱誦墨經，而倍譎不同，以堅白同異之術相訾，以觭偶不仵之詞相應。」墨家原有與公孫龍、惠施相似者。〔二〕

一本：〔三〕

「以樂爲利其子」六句：

此是墨教勤劬本義。

「於所體之中而權輕重之謂權」四句：

「所體」似因上「子」字生出，猶言一體。子者，我之所體也，而於其中審其愛之輕重是謂權。其非愛者，謂所以求其是愛也。愛有似是而非者。畢竟非愛者，故斷之以非，非爲非也。權，求其正愛而已。非非，猶言如何非，如何非。

「死生利若一」二句：

生以利天下，與死以利天下若一，則生亦可不惜也。

「殺己以存天下」一句：

此事佛典中有之。

「爲暴人語天下爲」十一句：

〔一〕此段注釋，手稿無，據霜紅龕集補。
〔二〕此段，霜紅龕集本無。
〔三〕此下爲霜紅龕集本所附。

天之所爲，春生、夏長、秋收、冬藏而已。若不教之以人爲之事，但性著所爲，暴殄無惜，一味歌天之所爲，則非也。何也？天愛人，不能使人坐而得衣食也。即如諸器物，皆不徒爲是，因我得以除之、執之而爲之。自暴惰窳之人，自以爲我何不任天，而必欲以人事自苦者，不是也。「執之所爲」上似脱一「陳」字。〔二〕陳執，又似謂身體之有臂指是天設之，使有所執作之物，而外之可以執者，皆因此能執者而爲之。

「說求之舞」二句：

以說求利，而隨舞文以說非求利也；以漁罔大其利，又舞文以爲不大求也。

「大圜」：

「圜」字不解。然天爲大圜，謂人爲小圜耶？包也，容也，人之愛人，與天之愛人同。

「意楹非意木也」六句：

人心想一楹柱，非想木也，然楹是木之作成者也，是想楹之木也，謂其可以爲屋之用也。楹雖是木成，而未成楹時必竟是木，非楹也。即如想指使之人，非徒想人，意欲有所獲，乃所以想得其禽也。若不至於得禽而徒想其人，無益也。猶愛人者，必實實有愛人之功始可，若但有其志，于人何益？所以志是志，功是功，須辨之，不可謂志即功也。

「智是之世之有盗也」九句：

所謂智者，是知世之有盗也。若愛之，使倉廩實而知榮辱，故盡愛于一世之人，使食其力而弭

〔二〕「陳」，霜紅龕集各本作「文」，據文義與手稿本改。

盗心也。〔二〕智者又知是室之有盗也，不盡空其室以厚死者也。若竭其室以葬，室中之人知之，必盡力以刼之。如盗本一人，而今知其葬中無所有而盡，則其力之欲盡之，不盡不已，是二人盗之矣。何也？謂雖是一人爲盗，苟不知其葬之所在，原盡無所有，但恨其力之弱而不能盡取之耳。

「二子事親」十二句：

如二子事親，年適有熟、有凶之不同，其親之愛之也，不因其熟而加親，不因其凶而減親。親之愛子之心，一也，非以爲彼之行爲有益于我也，非故加于我也。外以遇諸天者，而執以行之，無能心于其間，以爲私厚于我之利者。如今之厚葬者，是藉天下之藏以爲死人之藏，隨爲所盗，而天下仍害吾而不得有其藏。「特」字當作「待」。吾待養于臧之力者萬倍，而我之愛臧也，初不加厚，徒有愛臧之名耳。

「楊木之木」四句：

楊木、桃木，木之名同，而所以爲楊、爲桃者異也。當其成時，名歸之，當其敗時，名無所著矣。諸器，以量受度數舉而名之者，惟成之則是，敗之則非矣。若非以量數舉而名之者，即敗之，亦是也。如桃木之敗仍曰桃木，楊木之敗仍曰楊木，謂其木之有用而木之，不因其爲桃與楊也。

「其類在江上」句：

江水之所及，自上而下，無所揀擇而均有沾潤也。道藏墨子「江上」之下，有一「井」字。

〔二〕「心」，丁本作「必」，據劉本改。

「智某可也」，「智某」與上「是之某」義有深淺，上文多一「之」字，下文去「之」字；上文是實指之詞，下文是想象之詞。「焉知」之「焉」，又與上「便謂焉也」之「焉」同義。子書之用字法之妙如此。

「類行」，前作「顧行」，既因「顧」字解之。此作「類行」，又順「類」字以解之，義似長於「顧」字者。又翻爲解上之以「類」字者，當云於親之當厚者，亦不稱其當厚之義而行之，但以同爲人類而行之，是愛無差等之義也。又帀於「顧」之義矣。

「籍藏也，死而天下害吾。特養臧也萬倍，吾愛臧也不加厚」。此句最不可解。藏與臧字易混。愚謂皆是藏字，藏卽葬也。「厚吾利者，籍藏也」，謂厚爲吾之利者，籍天下之物而藏之以爲利耶，終爲天下劫盜之，死而天下仍以此害吾。初意謂此藏是我所藏也，故厚籍之以爲愛，而所以專用力以養於藏者萬倍，終必爲盜之。則吾之自愛其藏者，實不加厚，不如薄藏之爲厚我也。如此解之則通，與本義不倍，但上下文義難於闕生，只段段讀之可也。又似謂「吾特以利而養臧也萬倍，原其愛臧之心，實不加厚」三句，當在上「乃愛獲之愛人也」句下，錯之於此。文本難盡通，逐字逐句爲之，積累而疏之，以求其通，可謂用心於無用矣，然亦必不必之見。不爾，則心留而不去，爾斯置之矣。非爾，亦有留之，暫爾留之，非欲之留，與博奕然。

卷五十七　周易兼義批注〔一〕

周易兼義下經咸傳卷第四

咸

「咸：亨，利貞，取女吉。」疏：「周氏云：『尊天地之道，略於人事。』」硃筆眉批：「周。」

「初六：咸其拇。」墨筆眉批：「咸之革。」硃筆眉批：「拇。」

「六二：咸其腓，凶。居吉。」墨筆眉批：「咸之大過。」硃筆眉批：「腓。」

疏：「王廙云：動於腓腸，斯則行矣。」硃筆眉批：「王廙。」

「九三：咸其股，执其隨。往，吝。」墨筆眉批：「咸之萃。」

「九四：貞吉，悔亡。憧憧往來，朋從爾思。」墨筆眉批：「咸之蹇。」

「九五：咸其脢，無悔。」墨筆眉批：「咸之小過。」硃筆眉批：「脢。」

疏：「正義曰：子夏易傳曰：『在脊曰脢。』馬融云：『脢，背也。』鄭玄云：『脢，脊肉

〔一〕此篇據北京師範大學圖書館藏批點手稿釋文，批點底本爲明萬曆十四年（一五八六年）國子監刊本，現存卷四至卷五，附經典釋文周易音義、周易略例，共二卷。由馬鴻雁整理。封面「周易下卷四之五」下有楊尋山墨筆題「傅先生」三字。又有楊尋山墨筆題記：「此本卷四第九葉有先生□□□□字一珠也。尋山記。代廿一葉所書三百有奇，余一一寶之。卷五第廿八葉先生論五行『金』之義，讀易者當見。先生於卷五第四十頁抹注者七行。」傅山全書初版本未收。

也。』王肅云：「脢在背而夾脊。』」硃筆眉批：「子夏。馬。鄭。王肅。」

「象曰：咸其脢，志末也。」墨筆眉批：「咸之遯。」

「上六：咸其輔、頰、舌。」硃筆眉批：「輔、頰、舌。」

疏：「馬融云：『輔，上頷也。』」硃筆眉批：「馬。」

「象曰：『咸其輔、頰、舌』，滕口説也。」疏：「鄭玄又作媵。」硃筆眉批：『鄭。』

恆

「巽下震上。」墨筆眉批：「巽下震上。」墨筆尾批：「三爻、五爻解見禮記緇衣，鄭注最有義。」

「恆：亨，無咎，利貞。」疏：「褚氏云：『三事，謂無咎、利貞、利有攸往。』莊氏云：『三事者，無咎一也，利二也，貞三也。』周氏云：『三事者，一亨也，二無咎也，三利貞也。』」硃筆眉批：「褚。莊。周。」

「初六：浚恆。貞兇，無攸利。」墨筆眉批：「恆之大壯。」

「九二：悔亡。」墨筆眉批：「恆之小過。」

「九三：不恆其德，或承之羞。貞吝。」墨筆眉批：「恆之解。」

「象曰：不恆其德，無所容也。」疏：「正義曰：無所容者，謂不恆之人所往之處，皆不納之，故無所容也。」墨筆尾批：「禮記緇衣：『子曰：南人有言曰：「人而無恆，不可以爲卜筮。」古之遺言與？龜筮猶不能知也，而况於人乎？』『易曰：不恆其德，或承之羞。恆其德，偵，婦人吉，夫子凶。』注：『羞，辱也。偵，問也，問正爲偵。婦人，從人者也，以問正爲常德，則吉；男子當行專幹事，而以問正爲常德，是亦無恒之人也。』」正義曰：『此「不恒其德，或承之羞」者，是易恒卦巽下震上，九三爻辭得正。互體爲乾，乾有剛健之德。體在巽，巽爲進退，是不恒其德也。又互體爲兑，兑爲毁折，是將有羞辱也。云「問正爲偵」者，此恒其德，偵。恒卦六五爻辭以陰爻而處尊位，是天子之女。又互卦兑，兑爲和說，至尊主家之女，以和說幹其家事，問正於人，故爲吉也。應在九二，又男子之象，體在巽，巽爲進退，是無所定而婦言是從，故云夫子凶也。』」

「九四：田無禽。」墨筆眉批：「恒之升。」

「六五：恒其德，貞，婦人吉，夫子凶。」墨筆眉批：「恒之大過。」

「上六：振恒，凶。」墨筆眉批：「恒之鼎。」

遯

「象曰：君子以遠小人，不惡而嚴。」墨筆尾批：「不惡而嚴。君子之身，儼然天下之一山矣。」

「初六：遯尾，厲。勿用有攸往。」墨筆眉批：「遯之同人。」

「六二：執之用黄牛之革，莫之勝說。」硃筆眉批：「牛，義似而大指非。」墨筆眉批：「遯之姤。」

「九三：係遯，有疾厲；畜臣妾，吉。」墨筆眉批：「遯之否。」

「九四：好遯，君子吉，小人否。」墨筆眉批：「遯之漸。」

「九五：嘉遯，貞吉。」墨筆眉批：「遯之旅。」

「上九：肥遯，無不利。」墨筆眉批：「遯之咸。」

疏：「子夏傳曰：肥，饒裕也。」硃筆眉批：「子夏。」

大壯

「乾下震上。」墨筆尾批：「大壯三爻、五爻、上爻，皆取羊象。」

「初九：壯於趾。征兇有孚。」墨筆眉批：「大壯之恒。」硃筆眉批：「趾。」

「九二：貞吉。」墨筆眉批：「大壯之豐。」

「九三：小人用壯，君子用罔，貞厲。羝羊觸藩，羸其角。」墨筆眉批：「大壯之歸妹。」又墨筆眉批：「互自三至四爲兌，故曰羊，三爻變又爲羊。」又墨筆旁批：「三一爻變爲兌，兑爲羊，向前則震之一陽當之，故觸而羸。」又硃筆眉批：「羊。」

注：「處健之極，以陽處陽，用其壯者也。故小人用之以爲壯，君子用之以爲羅己者也。貞厲以壯，雖復羝羊，以之觸藩，能無羸乎？」墨筆於「羅己」旁批：「三爻變，自二至四爲離者，麗也，有網羅之象。」又硃筆於「貞厲以壯，雖復羝羊」旁批：「不知説向誰上。」

正義曰：「以此爲正，狀似羝羊觸藩也，必拘羸其角矣。」墨筆尾批：「口氣傜地不耳耳。」

「象曰：『小人用壯，君子罔也。』正義曰：『言小人用以爲壯者，即是君子所以爲羅罔也。』」

墨筆旁批：「此句又少一个『己』字，與上似反。」

「九四：貞吉，悔亡。藩決不羸，壯於大輿之輹。」墨筆眉批：「大壯之泰。」

「六五：喪羊於易，無悔。」墨筆眉批：「大壯之夬。」又墨筆旁批：「五一爻變亦爲兑，故亦曰羊。互自三之五亦兑。」硃筆眉批：「羊。」

「注：而況以陰處陽，以柔乘剛者乎？」硃筆於「而況」旁批：「卻教如何者？」

「注：委之則難不至，居之則敵寇來，故曰『喪羊於易』。」墨筆尾批：「口逕兩刃而不得其斷。」

疏：「竊謂莊氏此言，全不識注意。」硃筆眉批：「莊。」

「上六：羝羊觸藩，不能退，不能遂。無攸利，艱則吉。」墨筆眉批：「大壯之大有。」又墨筆旁批：「上不能取兑象矣，亦曰羊者，變而爲離，一陽在上，自三至之五之兑，爲羊者觸之。」又硃筆眉批：「羊。」

晉

「象曰：『明出地上，晉君子以自昭明德。』」疏：『周氏等爲照，以爲自照己身。』」硃筆眉批：「周。」

「初六：晉如摧如，貞吉。罔孚裕，無咎。」墨筆眉批：「晉之噬嗑。」

正義曰：「何氏云：『摧，退也。裕，寬也。如，辭也。』」硃筆眉批：「何。」

「六二：晉如愁如，貞吉。受茲介福，於其王母。」墨筆眉批：「晉之未濟。」

「六三：衆允，悔亡。」墨筆眉批：「晉之旅。」

「九四：晉如鼫鼠，貞厲。」墨筆眉批：「晉之剝。」硃筆眉批：「鼠。」

疏：「蔡邕勸學篇云：『鼫鼠五能，不成一伎。』」硃筆眉批：「蔡邕。」

「六五：悔亡，失得勿恤，往吉無不利。」墨筆眉批：「晉之否。」墨筆尾批：「鄭康成易注：晉六五『失得勿恤』，荀爽曰：『五從坤，動而來爲離。離者，射也。故曰失得。象曰：失得勿恤，往有慶也。』虞翻曰：『動之乾，乾爲慶也。矢，古誓字。誓，信也。』」

「上九：晉其角，維用伐邑。厲吉無咎，貞吝。」墨筆眉批：「晉之豫。」硃筆眉批：「角。」

硃筆眉批：「既云角，斯亢矣。尚可用伐邑以服人耶。於義不圓。」

明夷

「象曰：『明入地中，明夷，君子以莅衆，用晦而明。』注：『莅衆顯明，蔽僞百姓者也。』」

硃筆眉批：「顯明，適所以爲蔽僞之由。」

「初九：明夷於飛，垂其翼。君子于行，三日不食，有攸往，主人有言。」墨筆眉批：「明夷之謙。」硃筆眉批：「翼。」

注：「尚義而行，故曰：君子於行也。」硃筆尾批：「傅山曰：君子于行，非小人于行也，故注曰『尚義』。」

「六二：明夷，夷于左股，用拯馬壯，吉。」墨筆眉批：「明夷之泰。」硃筆眉批：「股。馬。」

疏：「莊氏云：言左者，取其傷小。」硃筆眉批：「莊氏。」

「九三：明夷于南狩，得其大首，不可疾貞。」墨筆眉批：「明夷之復。」又墨筆眉批：「『明夷於南狩』句，文法最難解。以其不似二爻，于明夷下又添一夷字，則易爲說也。」

「六四：入于左腹，獲明夷之心，于出門庭。」墨筆眉批：「明夷之豐。」硃筆眉批：「『于』，猶言避夷難，須出門庭，而四之入左腹而獲心意，較出門庭猶妙也。」又硃筆尾批：「『于』，如『厶人賢于厶人』之『于』。」

「六五：箕子之明夷，利貞。」墨筆眉批：「明夷之既濟。」

「上六：不明，晦。初登于天，後入于地。」墨筆眉批：「明夷之賁。」

家人

「初九：閑有家，悔亡。」墨筆眉批：「家人之漸。」
「六二：無攸遂，在中饋，貞吉。」墨筆眉批：「家人之小畜。」
「九三：家人嗃嗃。悔厲吉，婦子嘻嘻，終吝。」墨筆眉批：「家人之益。」
「六四：富家，大吉。」墨筆眉批：「家人之同人。」
「九五：王假有家，勿恤，吉。」墨筆眉批：「家人之賁。」
「上九：有孚威如，終吉。」墨筆眉批：「家人之既濟。」

睽

「初九：悔亡，喪馬勿逐，自復。見惡人，無咎。」墨筆眉批：「睽之未濟。」硃筆眉批：「馬。」又硃筆尾批：「若以『見惡人』三字繹之，則『喪馬』即是用柔之義。」
「九二：遇主于巷，無咎。」墨筆眉批：「睽之噬嗑。」
「六三：見輿曳，其牛掣，其人天且劓，無初有終。」墨筆眉批：「睽之大有。」硃筆眉批：「牛。」
「九四：睽孤，遇元夫，交孚，厲無咎。」墨筆眉批：「睽之損。」
「六五：悔亡，厥宗噬膚，往何咎？」墨筆眉批：「睽之履。」
「上九：睽孤，見豕負塗，載鬼一車，先張之弧，後説之弧。匪寇婚媾，往遇雨則吉。」墨筆眉批：「睽之歸妹。」硃筆眉批：「豕鬼。」

蹇

「初六：往蹇來譽。」墨筆眉批：「蹇之既濟。」

「六二：王臣蹇蹇，匪躬之故。」墨筆眉批：「蹇之井。」

「九三：往蹇來反。」墨筆眉批：「蹇之比。」

「六四：往蹇來連。」墨筆眉批：「蹇之咸。」

「象曰：往蹇來連，當位實也。」硃筆尾批：「凡『實』字皆謂陽，如『獨遠實也』之義，此陰爻曰『當位實』，當別有義。」

「九五：大蹇朋來。」墨筆眉批：「蹇之謙。」

「上六：往蹇來碩，吉，利見大人。」墨筆眉批：「蹇之漸。」

解

「彖曰：『解之時大矣哉。』注：『無有幽隱，故不曰義。』」硃筆旁批：「革亦不言義，用何也？」

「初六：無咎。」墨筆眉批：「解之歸妹。」

「九二：田獲三狐，得黃矢，貞吉。」墨筆眉批：「解之豫。」

「六三：負且乘，致寇至，貞吝。」墨筆眉批：「解之恆。」

「九四：解而拇，朋至斯孚。」墨筆眉批：「解之師。」

「六五：君子維有解，吉，有孚于小人。」墨筆眉批：「解之節。」

「上六：公用射隼于高墉之上，獲之，無不利。」墨筆眉批：「解之未濟。」

損

「損：有孚元吉，無咎可貞，利有攸往，曷之用二簋可用享。」硃筆眉批：「以正救失，是咎須正也。無咎可正，是原自正。」

「象曰：『山下有澤損，君子以懲忿窒欲。』疏：『懲窒互文而相足也。』」硃筆眉批：「傅山曰：忿須有觸而起，故云懲；懲于既往之不忍也，欲則無故不時而生，故云窒。窒其將來，云妄想也。雖忿欲皆有往來，而懲窒卻推那不動。」

「初九：已事遄往，無咎，酌損之。」墨筆眉批：「損之蒙。」

「九二：利貞征兇，弗損益之。」墨筆眉批：「損之頤。」

注：「柔不可全益，剛不可全削，下不可以無正。初九已損剛以順柔，九二履中，而復損己以益柔，則剝道成焉。」硃筆旁批：「如此釋卦，可謂硬鑿。」

「六三：三人行則損一人，一人行則得其友。」墨筆眉批：「損之小畜。」

「六四：損其疾，使遄有喜，無咎。」墨筆眉批：「損之睽。」

「六五：或益之，十朋之龜弗克違，元吉。」墨筆眉批：「損之中孚。」

「上九：弗損益之，無咎貞吉，利有攸往，得臣無家。」墨筆眉批：「損之訟。」

益

「『益：利有攸往，利涉大川。』疏：『向秀云：明王之道，志在惠下。故取下謂之損，與下謂之益。』」硃筆眉批：「向秀。」

「象曰：『風雷益，君子以見善則遷，有過則改。』正義曰：子夏傳云：『雷以動之，風以散之，萬物皆盈。』孟僖亦與此同。」硃筆眉批：「子夏。孟僖。」

正義曰：「『何晏云：取其最長可久之義也。』」硃筆眉批：「何晏。」

「初九：利用爲大作，元吉無咎。」墨筆眉批：「益之觀。」

「六二：或益之，十朋之龜弗克違。求貞吉，王用享于帝，吉。」墨筆眉批：「益之中孚。」

「六三：益之，用凶事無咎，有孚中行，告公用圭。」墨筆眉批：「益之家人。」

「六四：中行告公從，利用爲依遷國。」墨筆眉批：「益之無妄。」

「九五：有孚，惠心勿問，元吉。有孚，惠我德。」墨筆眉批：「益之頤。」

「上九：莫益之，或擊之。立心勿恆，凶。」墨筆眉批：「益之屯。」

周易兼義下經夬傳第五

夬

「象曰：澤上於天，夬。君子以施祿及下，居德則忌。」墨筆於「居德則忌」旁批：「四字煩具。」

注：「『故居德以明禁也，明而能嚴，嚴而能施，健而能說，決而能和，美之道也。』」墨筆眉批：「語氣是拙。」又硃筆於「故居德以明禁也」旁批：『「如此『則』字解作『明』字。」

疏：「象曰：至居德則忌」云云。墨筆眉批：「疏較快矣。」

「初九：壯於前趾，往，不勝爲咎。」墨筆眉批：「夬之大過。」

「九二：惕號『莫夜有戎』，勿恤。」墨筆眉批：「夬之萃。」

「九三：壯于頄，有凶。君子夬夬獨行，遇雨若濡，有慍無咎。」墨筆眉批：「夬之兌。」

「九四：臀無膚，其行次且。牽羊悔亡，聞言不信。」墨筆眉批：「夬之需。」

「九五：莧陸夬夬，中行無咎。」墨筆眉批：「夬之大壯。」又墨筆眉批：「大壯五爻，喪羊于易。大壯之夬，夬之大壯，皆羊象。」又墨筆眉批：「傅山曰：莧字近莧，莧音桓，山羊細角也。兌爲羊，故曰莧。陸與四羊皆以兌體而得。」

疏：「『但以至尊而敵於至賤。』」硃筆旁批：「不知何說。」

「象曰：『中行無咎，中未光也。』」正義曰：『以尊敵卑，未足以爲光大也。』」硃筆尾批：「可謂急說。」

「上六：無號，終有凶。」墨筆眉批：「夬之乾。」

姤

「象曰：『姤之時義大矣哉。』」注：『凡言義者，不盡於所見，中有意謂者也。』」硃筆眉批：「『中有意謂者也』，若今人作此語，便可笑。」

「初六：繫于金柅，貞吉。有攸往，見凶。羸豕孚蹢躅。」墨筆眉批：「姤之乾。」

「象曰：繫于金柅，柔道牽也。」硃筆眉批：「柅與鑈同籰柄也。籰，絡絲之具。」

「九二：包有魚，無咎，不利賓。」墨筆眉批：「姤之遯。」

「九三：臀無膚，其行次且。厲，無大咎。」墨筆眉批：「姤之訟。」

「九四：包無魚，起凶。」墨筆眉批：「姤之巽。」

「九五：以杞包瓜，含章，有隕自天。」墨筆眉批：「姤之鼎。」

注：「杞之爲物，生於肥地者也。包瓜爲物，繫而不食者也。」墨筆眉批：「如注解，當云『以杞爲包瓜』。」

「上九：姤其角，吝，無咎。」墨筆眉批：「姤之大過。」

疏：「故獨恨而鄙吝也。」硃筆眉批：「獨恨而鄙吝。」硃筆尾批：「此『吝』字說到『鄙吝』上，與他『悔吝』之『吝』稍不同。」

萃

「萃：亨。王假有廟。利見大人，亨，利貞。」注：「聚得大人，乃得通而利正也。」墨筆眉批：「如注，則『亨利正』爲一句。『利貞』又非戒詞，『通而利正』，『通』、『利』二義可許，『正』則有說不得去，猶然戒意矣。」

「象曰：澤上於地，萃。君子以除戎器，戒不虞。」墨筆尾批：「枯槁無以及物，則難聚，故曰：『澤上于地，萃。』」

「初六：有孚不終，乃亂乃萃。若號一握爲笑，勿恤往，無咎。」墨筆眉批：「萃之隨。」

「六二：引吉無咎，孚乃利用禴。」墨筆眉批：「萃之困。」

注：「居萃之時，體柔當位，處坤之中，己獨處正。與衆相殊，異操而聚。民之多僻，獨正者危。未能變體以遠於害，故必見引，然後乃吉而無咎也。」墨筆旁批：「如此，則所謂萃者皆小人，而二爲獨正之君子矣，必相牽引而從。『非類則去』是何說？且二應五爲正，有應正而尚不足從邪？然則二獨爲小人矣，又何云獨正？」

疏：「『故曰：孚乃利用禴。』」墨筆尾批：「唐王志愔上所著應正論易萃六二『處萃之時，己獨居正。異操而聚，獨正者危』，用此說。」墨筆眉批：「引字王志愔，謂五爻也，難説聚必合法邪。」

「六三：萃如嗟如，无攸利。往无咎，小吝。」墨筆眉批：「萃之咸。」

「九四：大吉，無咎。」墨筆眉批：「萃之比。」

「九五：萃有位，無咎，匪孚。元永貞，悔亡。」墨筆眉批：「萃之豫。」

「上六：齎咨涕洟，無咎。」墨筆眉批：「萃之否。」

升

「初六：允升，大吉。」墨筆眉批：「升之泰。」

「九二：孚乃利用禴，無咎。」墨筆眉批：「升之謙。」

「九三：升虛邑。」墨筆眉批：「升之師。」

「六四：王用亨于岐山。吉，無咎。」墨筆眉批：「升之恆。」

注：「岐山之會，順事之情，無不納也。」硃筆眉批：「岐山之會。」

「六五：貞吉，升階。」墨筆眉批：「升之井。」

「上六：冥升，利于不息之貞。」墨筆眉批：「升之蠱。」又墨筆眉批：「高尚者，六升正是一事。」

「象曰：冥升在上，消不富也。」墨筆尾批：「『不富』之詞異于『不久』。」

困

「初六：臀困於株木，入于幽谷，三歲不覿。」墨筆眉批：「困之兌。」

「九二：困于酒食，朱紱方來，利用享祀。征兇，無咎。」墨筆眉批：「困之萃。」

正義曰：「朱紱，南方之物，處困用謙，能招異方者也，故曰『朱紱方來』也。」墨筆眉批：「包云『朱紱之在下』，皆不及。」

「六三：困于石，據於蒺藜，入於其宮，不見其妻，凶。」墨筆眉批：「困之大過。」

「九四：來徐徐，困于金車，吝，有終。」墨筆眉批：「困之坎。」

「九五：劓刖，困于赤紱，乃徐有說，利用祭祀。」墨筆眉批：「困之解。」又墨筆眉批：「『赤紱』，又易一『朱』字。」

「上六：困于葛藟，于臲卼，曰動悔有悔，征吉。」墨筆眉批：「困之訟。」

井

「井：改邑不改井，無喪無得，往來井井。汔至亦未繘井，羸其瓶，凶。」正義：「繘，綆也。」墨筆眉批：「傅山曰：『繘』但言『綆索』，則本文爲『亦未綆井』，成何文義？說文：

裔，从冏，注以錐，有所入也。又曰：一曰滿，有所出也。此从裔从糸者，『裔』取入井之義，加『糸』成繘，則『繘』有反入爲出之義。出井非繩索不能，故从糸，『糸』是繩索也，非謂『繘』爲繩索也。蓋『以繩索出井』之義也，如此解方透。」

「初六：井泥不食，舊井無禽。」墨筆眉批：「井之比。」

「九二：井谷射鮒，甕敝漏。」墨筆眉批：「井之蹇。」

正義曰：「子夏傳云：『井中蝦蟆，呼爲鮒魚也。』」硃筆眉批：「蝦蟆呼爲鮒魚。」

「九三：井渫不食，爲我心惻，可用汲。王明，並受其福。」墨筆眉批：「井之坎。」

「六四：井甃，無咎。」墨筆眉批：「井之大過。」

「九五：井洌寒泉，食。」墨筆眉批：「井之升。」

疏：「以言剛正之主，不納非賢，必須行潔才高，而後乃門，故曰『井洌寒泉，食』也。」墨筆眉批：「注『門』，是『用』字。『井潔而寒泉』五字，如後來必曰『井洌而泉寒』矣。」硃筆改「門」字爲「用」字。

「上六：井收勿幕，有孚元吉。」墨筆眉批：「井之巽。」

正義曰：「收，凡物可收成者，則謂之收，如五穀之有收也。」墨筆尾批：「釋文：收，馬云『汲也』，陸云『井幹也』，荀作『甃』。」

革

「離下兌上。」硃筆旁批：「傳山曰：五行『金从革』，兌金在離火上，從革之義也，而卦爻象、象不取焉，曰黃牛、曰虎、曰豹，似皆从皮革見義者。」

「革：『巳日乃孚，元亨利貞，悔亡。』硃筆眉批：「巳字音義無音。」

「彖曰：革，水火相息，二女同居，其志不相得，曰革。」硃筆眉批：「既濟不曰水火相息，而于革乃言之。」

「彖曰：大亨以正。」硃筆改「以」爲「利」。墨筆眉批：「『大亨以正』，卻去了『利』字，而用『以』。『利』原是一『宜』字，猶『義』也。『以』，亦『以其所宜』耳。」

「初九：鞏用黃牛之革。」墨筆眉批：「革之咸。」

「六二：巳日乃革之。征吉，無咎。」墨筆眉批：「革之夬。」

「九三：征凶，貞厲。革言三就，有孚。」墨筆眉批：「革之隨。」

注：「自四至上，從命而變，不敢有違。」墨筆旁批：「此是下之離火，革上之兌金，故云從四至上，謂命。後疏云，『上之三爻皆水在火上』，是本取兌爲深水也，又一義矣。」

疏：「上之三爻，水在火上，皆從革者也。」「三爻並成就不虛。」墨筆眉批：「䷰，通體爲火剋金，而此獨言『上三水在火上，爲從革』，是水革火邪？火革水邪？」

「九四：悔亡。有孚改命，吉。」墨筆眉批：「革之既濟。」

「九五：大人虎變，未占有孚。」墨筆眉批：「革之豐。」

「上六：君子豹變，小人革面。征凶，居貞吉。」墨筆眉批：「革之同人。」

鼎

「鼎：元吉，亨。」墨筆眉批：「衛風河廣篇序，正義引易鼎卦注云：嫁于天子，雖失禮，無出道，遠之而已。」

「初六：鼎顛趾，利出否，得妾以其子，無咎。」墨筆眉批：「鼎之大有。」又墨筆旁批：「鄭注：顛，踣也；趾，足也。無事曰趾，設陳曰足。爻體巽，爲股，初在股下，足像也。足所以承正鼎也。初陰爻而柔，與乾同體，以否正承乾。乾爲君，以喻君夫人事君，若失正禮，踣其爲足之道。情無怨，則當以和義出之。然如否者，嫁于天子，雖失禮，無出道，廢遠之而已。若其無子，不廢遠之，后尊。如其犯六出，則廢之遠之。子廢，坤爲順，又爲子母牛，在后妃之旁側，妾之例也。有順德，子必賢，賢而立以爲世子，又何咎也？」

「九二：鼎有實，我仇有疾，不我能卽吉。」墨筆眉批：「鼎之旅。」

「九三：鼎耳革，其行塞，雉膏不食，方雨虧悔，終吉。」墨筆眉批：「鼎之未濟。」硃筆眉批：「三位，鼎腹，非鼎耳也，而言『耳』，當別有義。」

「九四：鼎折足，覆公餗，其行渥，凶。」墨筆眉批：「鼎之蠱。」

「六五：鼎黃耳、金鉉，利貞。」墨筆眉批：「鼎之姤。」

「上九：鼎玉鉉，大吉，無不利。」墨筆眉批：「鼎之恆。」

震

「震：亨。震來虩虩，笑言啞啞。」注：「懼以成則，是以亨。」硃筆眉批：「懼以成則。」

「震驚百里，不喪匕鬯。」硃筆眉批：「鬯薰菓。」

「初九：震來虩虩，後笑言啞啞，吉。」墨筆眉批：「震之豫。」

「六二：震來厲，億喪貝，躋於九陵。勿逐，七日得。」墨筆眉批：「震之歸妹。」硃筆旁批：「此象本自難解。」

「注：犯逆受戮，無應而行，行無所舍。」墨筆旁批：「但作占辭讀之，事有似此者，或可援之耳。莽就六二生義，此六二何苦？後頤、無妄、隨、益、屯、噬嗑之二，皆乘初剛者也，又何以爲辭？他如離下七卦，六二乘初剛，豈得都以此等義解耶？』

疏：「六二以陰賤之體，不能敬於剛陽。尊其有德而反乘之，是傲尊陵貴，爲天所誅，震來則有危亡，喪其貨，故曰『震來厲，億喪貝』也。『躋于九陵，勿逐，七日得』者。躋，升也。犯逆受戮，無應而行，行無所舍，威嚴大行，物莫之納。既喪資貨，無糧而走，雖復起越陵險，必困於窮匱，不過七日，爲有司所獲矣。故曰：『躋於九陵，勿逐，七日得。』」墨筆眉批：「乘剛之二，不勝其數。如此呆就二上硬指其罪，説經之妄，莫此爲甚矣。」又硃筆尾批：「『七日』何所取？此皆有妙數，不然何不云六日、八日也。」

「六三：震蘇蘇，震行無眚。」墨筆眉批：「震之豐。」

「九四：震遂泥。」墨筆眉批：「震之復。」

「六五：震往來厲，億無喪有事。」墨筆眉批：「震之隨。」

「上六：震索索，視矍矍，征凶。震不于其躬，于其鄰，無咎。婚媾有言。」墨筆眉批：「震之噬嗑。」

艮

「初六：艮其趾，無咎，利永貞。」墨筆眉批：「艮之賁。」

「六二：艮其腓，不拯其隨，其心不快。」墨筆眉批：「艮之蠱。」

「九三：艮其限，列其夤，厲薰心。」墨筆眉批：「艮之剝。」

「六四：艮其身，無咎。」墨筆眉批：「艮之旅。」

「六五：艮其輔，言有序，悔亡。」墨筆眉批：「艮之漸。」

「上九：敦艮，吉。」墨筆眉批：「艮之謙。」

漸

「初六：鴻漸于干，小子厲有言，無咎。」墨筆眉批：「漸之家人。」

「六二：鴻漸于磐，飲食衎衎，吉。」墨筆眉批：「漸之巽。」

「九三：鴻漸于陸，夫征不復，婦孕不育，凶。利禦寇。」墨筆眉批：「漸之觀。」

「六四：鴻漸于木，或得其桷，無咎。」墨筆眉批：「漸之遯。」

「九五：鴻漸于陵，婦三歲不孕，終莫之勝，吉。」墨筆眉批：「漸之艮。」

「上九：鴻漸于陸，其羽可用爲儀，吉。」墨筆眉批：「漸之蹇。」硃筆眉批：「『陸』作『逵』，叶『儀』。」

歸妹

「兌下震上。」硃筆尾批：「易中『眇能視』、『跛能履』兩用，皆屬兌、履之三爻。及此，歸妹之初爻、二爻。」

注：「震爲長陽，少陰而乘長陽，說以動。」硃筆改『乘』爲『承』。

疏：「以妹從娣而嫁，謂之歸妹。」硃筆眉批：「『妹從娣嫁』四字必須細解，謂妹不是非禮之嫁，是從古禮爲姊之列而嫁者。」

「初九：歸妹以娣，跛能履，征吉。」墨筆眉批：「歸妹之解。」

「九二：眇能視，利幽人之貞。」墨筆眉批：「歸妹之震。」

注：「雖失其位，而居内處中，眇猶能視，足以保常也。在内履中，而能中其常，故利幽人之貞也。」硃筆眉批：「注『眇能視』，逕有隔靴搔癢矣。」

「六三：歸妹以須，反歸以娣。」墨筆眉批：「歸妹之大壯。」

「九四：歸妹愆期，遲歸有時。」墨筆眉批：「歸妹之臨。」

「六五：帝乙歸妹，其君之袂不如其娣之袂良，月幾望，吉。」墨筆眉批：「歸妹之兑。」

「上六：女承筐，無實；士刲羊，無血。無攸利。」墨筆眉批：「歸妹之履。」

經典釋文卷第一　周易音義（唐陸德明撰）

封面一墨筆題記：「□爽□□集本□説卦□九注。『需』，兩重而，非飲食之道。☲離之二世。☳震之二世。鼎之解。世止於五，不及六爻變者，以其又有本宫之卦，不必説到六世。歸魂又單自既變之四爻，翻復本爻而言，不知此學傳之何人。所謂游魂，皆一二三五變者，爲游魂。北史：趙輔和爲人占得『乾之晉』，曰『乾之游魂』。□□□□。」

封面二墨筆題記：

「乾：三世否，歸魂大有。四世觀，風地。五世剝，山地。二世遯，游魂晉，離地。一世姤。」

「凡一世、二世，皆擋一爻變、二爻變言。遊魂、歸魂不解何義。」「此但以□□先見復列之。」

「坎：二世屯，歸魂師；游魂明夷，地火。四世革，澤火。五世豐，雷火。一世節。三世既濟。」

「艮：五世履，天澤。一世賁。二世大畜。四世睽，火澤。三世損。歸魂漸；游魂中孚，木澤。」

「震：一世豫，歸魂隨；游魂大過，澤木。三世恆。二世解。四世升，地木。五世井，水木。」

「巽：一世小畜，歸魂蠱。五世噬嗑，火雷。四世無妄，天雷；游魂頤，山雷。二世家人，三世益。」

「離：四世蒙，山水，游魂訟，天水；歸魂同人。二世鼎。一世旅。五世渙，風水。三世未濟。」

「坤：游魂需，水天；歸魂比。三世泰。二世臨。一世復。四世大壯，雷天。五世夬，澤天。」

「□〔二〕：五世謙，地山。三世咸。四世蹇，水山。二世萃。一世困，歸魂歸妹；遊魂小過，雷山。」

「每宮中四世、五世、游魂之卦，皆無本宮正卦，如乾宮四世卦爲觀，風地，□□□□。〔三〕」

〔二〕此字殘缺，據下文，當爲「兑」字。

〔三〕此下殘缺。

周易上經乾傳第一

「王弼注：師説無者非。」硃筆眉批：「『師』不知指誰。」

乾卦

「夕惕：他曆反，怵惕也。鄭玄云」云云。硃筆眉批：「鄭。」

「者邪：或作耶，同餘嗟反，後協句，辭皆放此。」硃筆眉批：「協。」

「文言：文飾卦下之言也，夫子之十翼。」硃筆眉批：「文王十翼。」

需卦

「需：音須，字從兩重而者，非飲食之道也。」墨筆眉批：「『需，字從兩重而者，非飲食之道』，不知何取。」「『⿱而而』『需』字有如此文，然『雨、而』分明，『雨』之上于天之文。」

周易上經泰傳第二

泰卦

「彖：傅氏注云。」硃筆眉批：「傅氏。」

豫卦

「盱。」墨筆眉批：「盱字而形、聲、義亂見。」「旭，又作盱。」

「簪：子夏传『同疾也』。」墨筆眉批：「簪解疾，謂晉。疌，音進。」

「馬作臧，荀作宗，虞作戠。」墨筆眉批：「臧、宗、戠，字形大遠矣。」

周易上經噬嗑傳第三

賁卦

「賁：傅氏云：賁，古斑字，文章貌。」硃筆眉批：「傅氏。」

周易下經咸傳第四

晉卦

「得：虞云『矢』，古『誓』字。」硃筆眉批：「古『誓』字。」

周易下經夬傳第五

姤卦

「躅：古文作蹢。」硃筆眉批：「蹢。」

萃卦

「除戎器：陸云：除猶修治。師同。」墨筆眉批：「以『戒不虞』言之，則『除治』之義長。」

井卦

「一握：傅氏作渥。」硃筆眉批：「傅氏。」

「世本云，化益作井。」墨筆眉批：「化益。」

震卦

「遂泥：荀本『遂』作『隊』。」墨筆眉批：「遂、隊。」

周易下經豐傳第六

豐卦

「蔀」、「沛」、「沬」。墨筆眉批：「蔀、沛、沬，三字最無定説。」

「姚云：滂，沛也。」墨筆旁批：「無義。」

「鄭干作韋，云祭祀之蔽膝。」墨筆旁批：「無義。」

旅卦

「資斧」：子夏传及衆家並作『齊斧』。」「虞喜志林云『齊當作齋』。」墨筆眉批：「資，齊、齋義。」

渙卦

「匪夷」：荀作『匪弟』。」墨筆眉批：「匪弟。」

中孚

「爾靡」：陸作縻，京作劘。」墨筆眉批：「縻、劘。」

周易繫辭下第八

「之撰。」墨筆眉批：「撰。」

周易說卦第九

「烜」：況晚反。京云『乾』也，本又作『晅』。徐『古鄧反』，又音『香元反』。」硃筆眉批：「古鄧反必从『再』，況晚、香元反必从從『亙』。」

「熯」：王肅云：『呼旦反，火氣也。』徐本作『㬦』，音漢，云熱熯也。說文同。」墨筆眉批：「說文：熯，忍善切。淮南天文訓：熯音染。」

「瘠：京荀作『柴』，云『多筋幹』。」墨筆眉批：「京。荀。」

「爲龍：如字。虞干作『䮾』。」墨筆眉批：「虞干。」

「爲旉：王肅音『孚』。姚云『専一也』。鄭『守戀反』。」墨筆眉批：「王。姚。鄭。」

「羿：荀同。陽在下。」墨筆眉批：「荀。」

「爲羊：荀爽九家集解本」云云。注云：「常：西方神也。」墨筆眉批：「荀爽九家。常：西方神。」

周易雜卦

「豫怠：如字。姚同。京作『治』，虞作『怡』。」墨筆眉批：「豫怠，作『怡』。」

周易略例

墨筆眉批：「不言注者爲誰。」

「處其至少之地也。」「注：小畜彖云『柔得位，而上下應之』是也。」墨筆旁批：「唯四爻一陰。」

「陵三軍者，或懼於朝廷之儀；暴威武者，或困於酒色之娛。」「注：陵三軍，暴威武，視死如歸，若獻酬、揖讓、汗成霡霂」云云。墨筆眉批：「霡霂。」

「互體不足，遂及卦變；變又不足，推致五行。」墨筆眉批：「不主互卦。」

「卦略。」墨筆旁批：「凡十有一卦。」

封面墨筆題記：「乾之遊魂變爲晉，以易筮占之者，占四上二，不變爻。」

封底墨筆題記：「凡遊魂八卦：晉、需、大過、頤、明夷、訟、中孚、小過。但五爻一爻變，爲歸魂。」

卷五十八　儀禮注疏批注[一]

卷一至卷二之册封面墨筆批：「一、士冠。洗，承盥洗□□棄水器也。士鐵，大夫銅，諸侯白銀，天子黄金。二、士昏。日入三商爲昏。□□□□□是猜耳。昏禮『以湆醬』疏云『不用箸』，可見禮中有用箸者，而經中都不及。『潁』，昏禮『苦迥反』。『挩』，拭也。」

士冠禮第一

「所卦者，具饌於西塾。」墨筆眉批：「饌。」鄭注：「所卦者，所以畫地記爻。」硃筆眉批：「『所卦者』，『所』字亦須添解，似不但如尋常『所以』之『所』。」賈疏：「云『所卦者，所以畫地記爻』者，筮法依七八九六之爻而記之。但古用木畫地，今則用錢：以三少爲重錢，重錢則九也；三多爲交錢，交錢則六也；兩多一少爲單錢，單錢則七也；兩少一多爲拆錢，拆錢則八也。」硃筆眉批：「重，交，單，拆。」

「筮人執筴，抽上韇，兼執之。」鄭注：「韇，藏筴之器。今時藏弓矢者，謂之韇丸也。」硃筆眉批：「韇丸。」賈疏：「春秋緯演孔圖云：『孔子修春秋，九月而成，卜之，得陽豫之卦。』宋均注云：『陽豫，夏殷之卦名。故今周易無文。』」硃筆眉批：「陽豫。」

[一] 此篇據中共中央黨校圖書館藏批注手稿整理。底本儀禮注疏十七卷（存一至四卷及十六至十七卷），漢鄭玄注，唐賈公彦疏，明萬曆二十一年北京國子監刊本。由孫大勳、褚家偉先生釋文整理。傅山全書初版本未收。

「筮人許諾，右還，即席坐。」鄭注：「即，就也。東面受命，右還北行就席。」墨筆眉批：「坐。此坐字是儀禮始見一坐字，注不解。」

「夙興，設洗，直於東榮，南北以堂深，水在洗東。」墨筆眉批：「洗。水。『深』，去聲。」鄭注：「洗，承盥洗者棄水器也，士用鐵。」「水器，尊卑皆用金罍，及大小異。」賈疏：「云『洗，承盥洗者棄水器也』者，謂盥手洗爵之時，恐水穢地，以洗承盥洗水而棄之，故云棄水器也。」「云『水器，尊卑皆用金罍，及大小異』者，此亦案漢禮器制度。」墨筆眉批：「前云水『盥手』之器，『尊卑皆用金罍』，謂即在此罍中盥耶？」

「緇布冠缺項，青組纓屬於缺。」鄭注：「缺讀如『有頍者弁』之頍。緇布冠無笄者，著頍，圍髮際，結項中，隅爲四綴，以固冠也。項中有緬，亦由固頍爲之耳。今未冠笄者著卷幘，頍象之所生也。滕、薛名蔮爲頍。」墨筆眉批：「缺讀如頍。緬。」又硃筆眉批：「蔮。」賈疏：「云『著頍圍髮際』者，無正文，約漢時卷幘亦圍髮際，故知也。」「云『隅爲四綴，以固冠也』者，此亦無正文。以義言之，既武以下別有頍項，明於首四隅爲綴，上綴於武，然後頍項得安穩也。」墨筆眉批：「卷幘。」又硃筆眉批：「武。」

「側尊一甒醴，在服北。有篚，實勺、觶、角柶。」墨筆眉批：「側尊。甒。實。」鄭注：「側，猶特也，無偶曰側。置酒曰尊。側者，無玄酒。」「篚，竹器如笭者。勺，尊升，所以斢酒也。爵三升曰觶。柶狀如匕，以角爲之者，欲滑也。」墨筆眉批：「勺。觶。柶。」又硃筆眉批：「斢。」賈疏：「云『爵三升曰觶』者，案韓詩外傳云：一升曰爵，二升曰觚，三升曰觶，四升曰角，五升曰散。相對爵觶有異，散文則通皆曰爵，故鄭以爵名觶也。」硃筆眉批：「爵。觚。觶。角。散。」

「至於廟門，揖入。三揖，至於階，三讓。」鄭注：「入門將右曲，揖；將北曲，揖；當碑，揖。」墨筆眉批：「碑。」賈疏：「云『當碑，揖』者，碑是庭中之大節，又宜揖。」硃筆眉批：「碑。」

「贊者盥於洗西，升。立於房中，西面，南上。」墨筆眉批：「盥於洗西。」

「主人之贊者，筵於東序少北，西面。」鄭注：「筵，布席也。」墨筆眉批：「筵。」

「贊者洗于房中，側酌醴，加柶，覆之，面葉。」墨筆眉批：「面葉。」鄭注：「洗，盥而洗爵者。」「面，前也。葉，柶大端。」「古文葉爲擖。」墨筆眉批：「洗。柶。」

「賓受醴於戶東，加柶，面枋。」墨筆眉批：「枋。」

「興，筵末坐，啐醴，捷柶，興。」底本原註：「啐，七内反。捷又作扱。」墨筆眉批：「啐。捷，扱。」

「母拜受，子拜送，母又拜。」鄭注：「婦人於丈夫，雖其子猶俠拜。」硃筆眉批：「俠。」

「乃醴賓以壹獻之禮。」墨筆眉批：「壹獻之禮。」

「主人酬賓，束帛儷皮。」硃筆眉批：「儷。」

「尊於房戶之間，兩甒，有禁。玄酒在西，加勺，南枋。」墨筆眉批：「甒。禁。勺。」

「洗，有篚在西，南順。」墨筆眉批：「洗。」又硃筆眉批：「南順。」

「始加，醮用脯醢。」鄭注：「始醮亦薦脯醢。」墨筆眉批：「始醮。」

「筵末坐，啐酒。」墨筆眉批：「啐。」

「三醮，有乾肉折俎，嚌之。」墨筆眉批：「嚌。」

「若殺，則特豚，載合升，離肺實於鼎，設扃鼏。」墨筆眉批：「鼎。扃。鼏。」

「再醮，兩豆：葵菹、蠃醢。兩籩：栗、脯。」墨筆眉批：「豆。籩。再醮。」

「三醮，攝酒如再醮，加俎，嚌之，皆如初。」墨筆眉批：「三醮。」

「字辭曰：禮儀既備。」「曰伯某甫。」墨筆眉批：「甫。」

士昏禮第二

鄭云：「日入三商爲昏。」硃筆眉批：「三商。」

「昏禮。下達，納采用雁。」墨筆眉批：「納采。」

「主人筵於戶西，西上，右几。」墨筆眉批：「筵。几。」

「三揖，至於階，三讓。」鄭注：「入三揖者：至内霤，將曲，揖；既曲，北面，揖；當碑，揖。」硃筆眉批：「揖。碑。」

「主人以賓升，西面。賓升西階，當阿，東面致命。」鄭注：「阿，棟也。」「今文阿爲庪。」硃筆眉批：「庪。」賈疏：「凡士之廟，五架爲之，棟北一楣下有室戶，中脊爲棟，棟南一架爲前楣，楣前接簷爲庪。」硃筆眉批：「棟。楣。」

「賓執雁，請問名。主人許，賓入，授，如初禮。」墨筆眉批：「問名。」

「擯者出請，賓告事畢。入告，出請醴賓。」墨筆眉批：「醴。」

「主人徹几改筵，東上。側尊甒醴於房中。」墨筆眉批：「徹几改筵。側尊。甒醴。」

「主人拂几，授校。」墨筆眉批：「几。校。」

「啐醴。」墨筆眉批：「啐。」

「賓卽筵，奠於薦左，降筵，北面坐取脯，主人辭。」墨筆眉批：「取脯。」

「賓降，授人脯，出。」墨筆眉批：「授脯。」

「納吉，用雁，如納采禮。」墨筆眉批：「納吉。」

「納徵，玄纁束帛，儷皮，如納吉禮。」墨筆眉批：「納徵。」

「請期，用雁。主人辭，賓許，告期，如納徵禮。」墨筆眉批：「請期。」

「期，初昏，陳三鼎於寢門外東方，北面，北上。」「皆飪。」墨筆眉批：「三鼎。飪。」

「設洗於阼階東南。」墨筆眉批：「洗。」

「饌於房中，醯醬二豆，菹醢四豆，兼巾之。黍稷四敦，皆蓋。」鄭注：「『巾』爲禦塵，『蓋』爲尚温。周禮曰：『食齊視春時。』」硃筆眉批：「尚温。」又墨筆於「食齊視春時」下批：「周禮食醫事。」

「大羹湆在爨。」墨筆眉批：「大羹湆。爨。」賈疏：「引周禮者，證大羹須熱，故在爨，臨食及取也。」硃筆下批：「『須熱』，除此皆冷物矣耶？」

「尊於室中北墉下，有禁。」鄭注：「墉，牆也。禁，所以庋甒者。」硃筆眉批：「禁。」又墨筆眉批：「禁所以承甒。」

「實四爵合巹。」鄭注：「合巹，破匏也。四爵兩巹凡六，爲夫婦各三酳。一升曰爵。」墨筆眉批：「實。巹，原從豆。酳。」賈疏：「云『一升曰爵』者，韓詩外傳云：一升曰爵，二升曰觚，三升曰觶，四升曰角，五升曰散是也。」墨筆眉批：「爵，觚，觶，角，散。」

「婦車亦如之，有裧。」墨筆眉批：「裧。」

「女次，純衣纁袡。」墨筆眉批：「次。」

「姆纚、笄、宵衣，在其右。」墨筆眉批：「宵衣。」

「女從者畢袗玄，纚笄，被潁黼。」底本原注：「潁，若迥反。」硃筆眉批：「『潁，若迥反』是何聲？『若』字訛，是『苦』字耳。」鄭注：「女從者，謂姪娣也。」墨筆眉批：「姪娣。」

「婦乘以几，姆加景，乃驅。御者代。」墨筆眉批：「景。」

「陳於阼階南，西面，北上。匕俎從設。」墨筆眉批：「匕。俎。」

「贊爾黍，授肺脊。皆食，以湇、醬，皆祭舉、食舉也。」賈疏：「云『祭舉、食舉也』者，『舉』謂舉肺，以其舉以祭以食，故名肺爲舉。」墨筆眉批：「肺爲舉。」鄭注：「以，用也。用者，謂啜湇呞醬。」賈疏：「云『用者，謂啜湇呞醬』者，以其大羹汁不用箸，醬又不須以箸，故用口啜湇，用指呞醬也。」墨筆眉批：「不用箸。」又硃筆眉批：「用口用指豈不野？」

「贊洗爵，酌酳主人，主人拜受。贊戶内北面答拜。酳婦亦如之。皆祭。」墨筆眉批：「酳。」

「贊以肝從，皆振祭，嚌肝。」墨筆眉批：「嚌。」

「主人入，親說婦之纓。」鄭注：「婦人十五許嫁，笄而禮之，因著纓，明有繫也。蓋以五采爲之，其制未聞。」賈疏：「云『其制未聞』者，此纓與男子冠纓異。」「以纓佩之，爲迫尊者給小使也。此是幼時纓也。」硃筆眉批：「小使。」

「舅坐撫之，興，答拜。婦還，又拜。」鄭注：「婦人與丈夫爲禮則俠拜。」硃筆眉批：「俠。」

「奠於薦東，北面坐取脯，降，出，授人於門外。」鄭注：「取脯降出授人，親徹，且榮得禮。人，謂婦氏人。」墨筆眉批：「取脯降授人。」

「婦拜，扱地。」硃筆眉批：「扱。」

「祭醴，始扱壹祭，又扱再祭。」硃筆眉批：「扱。」

「問名，曰：某既受命，將加諸卜。敢請女爲誰氏？」硃筆眉批：「問名。」

「納吉，曰：吾子有貺命，某加諸卜，占曰吉，使某也敢告。」硃筆眉批：「納吉。」

「納徵，曰：吾子有嘉命，貺室某也，某有先人之禮，儷皮束帛，使某也請納徵。」硃筆眉批：「納徵。」

「請期，曰：吾子有賜命，某既申受命矣。惟是三族之不虞，使某也請吉日。」硃筆眉批：「請期。」

「父醮子。」硃筆眉批：「醮子。」

「若不親迎，則婦入三月然後壻見。曰：某以得爲外昏姻，請覿。」硃筆眉批：「不親迎。」

卷三至卷四册封面墨筆批：「三、士相見。『父則遊目』一節與相見禮無干而及之，從上『與君言』一節引出。四、鄉飲酒。」

鄉飲酒禮第四

「鄉飲酒之禮。主人就先生而謀賓、介。」賈疏：「鄉大夫雖行飲酒禮賓之於君，其簡訖，仍更行飲酒禮賓之於王。是易觀『盥而不薦』。」硃筆眉批：「『盥而不薦』，又尔說。」

「乃席賓、主人、介。」墨筆眉批：「席。」賈疏：「主人者，接人以仁，以德厚者也，故坐於東南。而坐僎於東北，以輔主人也。」硃筆眉批：「僎。」

「尊兩壺於房戶間，斯禁。」「加二勺於兩壺。」墨筆眉批：「壺。禁。婚禮注：禁，所以承甒者。勺。」賈疏：「禮器云：大夫士棜禁。注云：棜，斯禁也。謂之棜者，無足，有似於棜，或因名云耳。大夫用斯禁，士用棜禁。然則禁是定名，言棜者是其義稱。故禮器大夫士總名爲棜禁。」
硃筆眉批：「棜禁。斯禁。」
「設洗於阼階東南。」「水在洗東。」墨筆眉批：「洗。水。」
「羹定。」鄭注：「肉謂之羹。定，猶孰也。」墨筆眉批：「羹。」
「賓厭介，入門左。介厭衆賓，入，衆賓皆入門左，北上。」鄭注：「推手曰揖，引手曰厭。今文皆作揖。」墨筆眉批：「厭。」賈疏：「云『推手曰揖，引手曰厭』者，『厭』字或作『撎』。」硃筆眉批：「撎。」賈疏：「揖訖，乃相背各向當塗。」硃筆眉批：「當塗。」
「主人與賓三揖。」鄭注：「三揖者，將進揖，當陳揖，當碑揖。」硃筆眉批：「碑揖。陳。」
「主人坐取爵於篚，降洗。」墨筆眉批：「坐。」賈疏：「云『主人坐取爵於篚』者，篚在堂上尊南，故取之乃降也。」硃筆眉批：「爵在篚中耶？」
「賓降。主人坐奠爵於階前，辭。」墨筆眉批：「坐。」
「主人坐取爵，沃洗者西北面。」鄭注：「沃洗者，主人之羣吏。」硃筆眉批：「主人之羣吏。」
「主人坐取爵實之，賓之席前，西北面獻賓。」墨筆眉批：「實之。」
「奠爵於薦西，興，右手取肺。」「嚌之。」墨筆眉批：「嚌。」
「坐捝手，遂祭酒。」鄭注：「捝，拭也。古文捝作說。」墨筆眉批：「捝。」
「興，席末坐啐酒。」賈疏：「啐酒於席末者，酒是財，賤財之義也。」墨筆眉批：「酒是財。」
「降席，坐奠爵。拜，告旨，執爵，興。主人阼階上答拜。」「降席」二字旁墨批：「於席上祭畢又下席。」賈疏：「賓拜告旨，主人拜崇酒，其節同，義卽異矣。」硃筆眉批：「旨。崇。」
「賓西階上北面坐，卒爵。」硃筆眉批：「西階上卒爵。」

「賓實爵主人之席前，東南面酢主人。」墨筆眉批：「實爵。」

「主人坐奠爵於序端，阼階上北面再拜崇酒。」墨筆眉批：「崇。」鄭注：「崇，充也，言酒惡，相充實。」墨筆下批：「燕、大射皆云：主人不崇酒，辟正君也。此云崇酒，謂正主人當尔？想來謂既以此酒献賓，賓卒爵矣。」又墨筆眉批：「『崇，謝酒惡，相充實』，以文義、情理言之，當在『賓卒爵，主人答拜』之時而有，此謝詞卻在此處。」又墨筆根批：「而主人於酢爵既卒之後，猶謙辭言酒不美，適間以之相充實耶？」

「主人坐取觶於篚，降洗。賓降，主人辭降。賓不辭洗。」硃筆旁批：「賓知主人自飲，故不辭也。」

「賓西階上立，主人實觶賓之席前，北面。」墨筆眉批：「實。」

「賓辭，坐取觶，復位。」鄭注：「酬酒不舉，君子不盡人之歡，不竭人之忠，以全交也。」硃筆眉批：「酬酒不舉。」

「卒洗，主人盥。」賈疏：「此主人自飲而盥者，尊介也。」墨筆眉批：「自飲而盥。」

「介揖讓升，授主人爵於兩楹之間。」硃筆旁批：「授實爵。」

「介西階上立，主人實爵。」硃筆旁批：「自酌也。」

「衆賓獻，則不拜受爵，坐祭，立飲。每一人獻，則薦諸其席，衆賓辯有脯醢。」鄭注：「亦每獻薦於其位。」「位」字旁硃批：「無席。」

「主人以爵降，奠於篚。」墨筆眉批：「不復用爵矣。」

「一人洗，升，舉觶於賓。」鄭注：「一人，主人之吏。發酒端曰舉。」墨筆眉批：「主人之吏。」賈疏：「此一人舉觶，爲旅酬也。云『發酒端曰舉』者，從上至下徧飲訖，又從上而起，是發酒端曰舉也。」墨筆下批：「此一人，不知是何等之人，亦與賓抗禮，但不親授曰下主人。」

「賓觶，西階上坐奠觶，遂拜，執觶興，賓席末答拜。坐祭，遂飲。」硃筆旁批：「主人之吏飲也。」

「設席於堂廉，東上。」鄭注：「爲工布席也。」墨筆眉批：「爲工布席。」

「工四人，二瑟，瑟先。」硃筆眉批：「瑟。」

「工入，升自西階，北面坐。相者東面坐，遂授瑟，乃降。」墨筆旁批：「此降是相者降。」

「工歌鹿鳴、四牡、皇皇者華。」硃筆眉批：「歌。」

「卒歌，主人獻工。工左瑟，一人拜，不興，受爵。主人阼階上拜送爵。」墨筆旁批：「既受爵矣，下又云『拜送爵』，如此不一二見。注不及。似今又請酒之義耶？」

「工飲，不拜既爵，授主人爵。」鄭注：「坐授之。」墨筆眉批：「此授主人爵，注『坐授之』，主人在阼階上，不知如何授之也。」

「笙入堂下，磬南，北面立。樂南陔、白華、華黍。」鄭注：「笙，吹笙者也。」硃筆眉批：「笙。磬。」墨筆旁批：「吹笙者。」鄭注：「南陔、白華、華黍，小雅篇也，今亡，其義未聞。」賈疏：「鄭君注詩之時，未見毛傳，以爲此篇孔子前亡。」硃筆眉批：「鄭君注詩之時未見毛傳。」

「乃閒歌魚麗，笙由庚；歌南有嘉魚，笙崇丘；歌南山有臺，笙由儀。」硃筆眉批：「歌。笙。」

「司正實觶，降自西階，階閒北面坐奠觶，退共，少立。」墨筆眉批：「司正自飲。」

「賓北面坐取俎西之觶，阼階上北面酬主人。」墨筆眉批：「俎西之觶。」

「使二人舉觶於賓、介。」鄭注：「二人亦主人之吏。」墨筆眉批：「主人之吏又二人。」

「遵者降席，席東南面。」墨筆眉批：「遵者。」

「說屨，揖讓如初，升，坐。」鄭注：「『說屨』者，爲安燕當坐也。必說於下者，屨賤，不空居室。說屨，主人先左，賓先右。」墨筆眉批：「凡『說屨』下，不說足上如何。」

「賓出，奏陔。」鄭注：「陔，陔夏也。陔之言戒也，終日燕飲，酒罷，以陔爲節，明無失禮也。周禮鐘師『以鐘鼓奏九夏』，是奏陔夏則有鐘鼓矣。」硃筆眉批：「陔。」墨筆眉批：「九夏。」

「賓若有遵者，諸公大夫，則既一人舉觶，乃入。」「一人舉觶」旁墨筆批：「卽前『一人洗升舉觶』之時。」賈疏：「自此已下至『不加席』，論鄉内有諸公大夫來觀禮，主人迎之與行禮事也。」墨筆眉批：「來觀禮而迎之，與行禮事。」

「乃息司正，無介，不殺，薦脯醢，羞唯所有。」鄭注：「在有何物。」硃筆眉批：「『在有何物』四字亦奥。」

「賓俎，脊、脅、肩、肺。主人俎，脊、脅、臂、肺。介俎，脊、脅、胳、肺。肺皆離。皆右體，進腠。」鄭注：「離，猶搓也。腠，理也。」硃筆眉批：「搓。」墨筆眉批：「腠，理。」賈疏：「此序體，賓用肩，主人用臂，介用胳。」「鄉射記云：『賓俎，脊、脅、肩、肺。主人俎，脊、脅、臂、肺。』注云：『賓俎用肩，主人用臂，尊賓也。』」硃筆眉批：「介亦是賓屬，而俎用『胳』，卑於主人之『臂』，何也？」

「樂正與立者，皆薦以齒。」硃筆眉批：「薦。」

「凡舉爵，三作而不徒爵。」鄭注：「謂獻賓、獻大夫、獻工，皆有薦。」硃筆眉批：「薦。」

「樂作，大夫不入。」墨筆眉批：「大夫不入。」鄭注：「後樂賢者。」硃筆眉批：「此義不可解。」

卷十六至卷十七之册封面墨筆批：「十六，少牢饋食。『丁巳』注：『取自丁寧，自變改。』以『改』字。綪。少牢十一菜。一口爲一飯。少牢注。十七、有司徹。爨。」

少牢饋食禮第十六

「日用丁、巳。」鄭注：「内事用柔日，必丁巳者，取其令名，自丁寧，自變改，皆爲謹敬。」墨筆眉批：「丁巳。」

「雍人概鼎、匕、俎於雍爨。」墨筆眉批：「概。」

「廩人概甑、甗、匕與敦於廩爨。」墨筆眉批：「甑。甗。敦。」

「司宮概豆、籩、勺、爵、觚、觶、几、洗、篚於東堂下。」墨筆眉批：「概。」

「司馬升羊右胖，髀不升，肩、臂、臑、膊、骼、正脊一、脡脊一、横脊一、短脅一、正脅一、代脅一，皆二骨以并。腸三、胃三、舉肺一、祭肺三，實於一鼎。」墨筆眉批：「胖。髀。肩。臂。臑。膊。骼。」鄭注：「脊先前，脅先後，屈而反，猶器之綪也。」硃筆眉批：「綪。」賈疏：「此言綪者，指解脊不取肩胳也。若尸舉牲體，則脅、肩、胳爲綪。」「凡牲體四支爲貴。」硃筆眉批：「綪。」墨筆眉批：「牲體四支爲貴。」

「司士升豕右胖，髀不升」云云。鄭注：「豕無腸胃，君子不食溷腴。」硃筆眉批：「羊腸胃不溷。」

「雍人倫膚九，實於一鼎。」硃筆眉批：「倫膚。」

「司士又升魚、腊。」鄭注：「司士又升，副倅者。」賈疏：「云『司士又升，副倅者』，謂是第三俎。」「明是副倅者，非升豕者可知。」硃筆眉批：「『明』是『明』字之訛。」

「司宮尊兩甒於房戶之間，同棜，皆有冪。」墨筆眉批：「棜。」

「司宮設罍水於洗東，有枓。」墨筆眉批：「枓。」

「俎皆設於鼎西，西肆。肵俎在羊俎之北，亦西肆。」硃筆眉批：「肵。」

「佐食上利升牢心、舌，載於肵俎。心皆安下切上，午割勿沒。其載於肵俎，末在上。舌皆切本末，亦午割勿沒，其載於肵，横之。皆如初爲之於爨也。」硃筆眉批：「上利。特牲饋食有『利』，無上下字，即佐食也。」硃筆眉批：「勿沒。」

「佐食二人。上利升羊。」硃筆眉批：「上利。」

「下利升豕。」硃筆眉批：「下利。」

「韭菹在南，葵菹在綪。主婦興，入於房。」硃筆眉批：「綪。」

「佐食上利執羊俎，下利執豕俎。」墨筆眉批：「上利。下利。」

「主婦自東房執一金敦黍，有蓋，坐設於羊俎之南。」鄭注：「敦有首者，尊者器飾也。飾蓋象龜。周之禮，飾器各以其類，龜有上下甲。」墨筆眉批：「蓋。經文但言『蓋』，不言何象。注『敦』云象『龜』，何也？」

「祝酌，奠，遂命佐食啓會。佐食啓會蓋，二以重，設於敦南。」墨筆眉批：「會。敦。」鄭注：「酌奠，酌酒爲神奠之。」賈疏：「釋曰『酌奠，酌酒爲神奠之』者，以其迎尸之前，將爲陰厭，爲神不爲尸。」墨筆眉批：「陰厭。」

「祝出，迎尸於廟門之外。主人降立於阼階東。」鄭注：「主人不出迎尸，伸尊也。」硃筆眉批：「迎尸。」墨筆旁批：「既以爲尸矣，而又曰『伸尊』，其義有乖違。此時當尊尸，不當自尊也。」

「宗人奉槃，東面於庭南。」鄭注：「庭南，沒霤。」墨筆眉批：「沒霤。」

「祝延尸，尸升自西階，入，祝從。主人升自阼階。祝先入，主人從。」硃筆眉批：「此祝既從尸入矣，下又云：『祝先入，主人從。』只是一祝，中間不曾說既從尸入訖，又出來東階上引主人。」

「祝反南面。」鄭注：「未有事也。墮祭，爾敦，官各肅其職，不命。」墨筆眉批：「墮祭。爾敦。」

「尸取韭菹，辯擩於三豆，祭於豆間。上佐食取黍稷於四敦，下佐食取牢一切肺於俎，以授上佐食，上佐食兼與黍以授尸。尸受，同祭於豆祭。」鄭注：「黍稷之祭爲墮祭，將食神餘，尊之而祭之。今文辯爲徧。」墨筆眉批：「辯，徧。擩，而誰反，如蕤。墮祭。」

「上佐食舉尸牢肺、正脊以授尸，上佐食爾上敦黍於筵上，右之。」墨筆眉批：「一舉。爾。敦。」

「三飯。」墨筆眉批：「三飯。」

「上佐食舉尸牢幹，尸受，振祭，嚌之。」墨筆眉批：「二舉。嚌。」

「上佐食羞胾兩瓦豆，有醓，亦用瓦豆，設於薦豆之北。」鄭注：「設於薦豆之北，以其加也。四豆亦綪。羊胾在南，豕胾在北。無臐膮者，尚牲不尚味。」墨筆眉批：「胾。臐。膮。」

「尸又食，食胾。上佐食舉尸一魚，尸受，振祭，嚌之。」墨筆眉批：「三舉。嚌。」鄭注：「或言食，或言飯。食，大名。小數曰飯。」賈疏：「云『小數曰飯』者，此少牢、特牲言三飯、五飯、九飯之等，據一口謂之一飯，五口謂之五飯之等，據小數而言，故云小數曰飯也。」墨筆眉批：「一口爲一飯。」

「又食，上佐食舉尸臘肩，尸受，振祭，嚌之，上佐食受，加於肵。」墨筆眉批：「四舉。嚌。」

「又食，上佐食舉尸牢骼，如初。」墨筆眉批：「五舉。」

「尸告飽。祝西面於主人之南，獨侑，不拜。侑曰：皇尸未實，侑。」賈疏：「士三飯卽告飽而侑，大夫七飯告飽而侑，諸侯九飯告飽而侑，天子十一飯而侑也。」墨筆眉批：「士三飯，大夫七飯，諸侯九飯，天子十一飯。」

「尸又食，上佐食舉尸牢肩，尸受，振祭，嚌之。」墨筆眉批：「前注五舉畢矣，此又舉牢肩，是六舉。嚌。」

「尸不飯，告飽。」墨筆眉批：「不飯，不喫也。」

「尸又三飯。」墨筆眉批：「又三飯。」賈疏：「至此，尸十一飯。」墨筆眉批：「十一飯。」

「尸左執爵，右兼取肝，擩於俎鹽，振祭，嚌之。」墨筆眉批：「嚌。」

「主人左執爵，右受佐食，坐祭之，又祭酒，不興，遂啐酒。」墨筆眉批：「啐。」

「卒命祝，祝受以東，北面於戶西，以嘏於主人曰：皇尸命工祝，承致多福無疆於女孝孫。來女孝孫，使女受祿於天，宜稼於田，眉壽萬年，勿替引之。」鄭注：「古文『嘏』爲『格』，『祿』爲『福』，『眉』爲『微』，『替』爲『柍』，或爲『𢧵』，『𢧵』『替』聲相近。」硃筆於經文「嘏」字旁批「格」，「祿」字旁批「福」，「眉」字旁批「微」，「替」字旁批：「柍。𢧵。」又硃筆眉批：「『𢧵』『替』聲相近。」

「主人坐奠爵，興，再拜稽首，興，受黍，坐振祭，嚌之。」墨筆眉批：「嚌。」

「主人獻祝，設席南面，祝拜於席上，坐受。」鄭注：「室中迫狹。」賈疏：「言『迫狹』，大夫士廟室也，皆兩下五架，正中曰棟，棟南兩架，北亦兩架。棟南一架名曰楣，前承簷，以前名曰庪。」墨筆眉批：「兩下五架。楣。庪。」

「祭酒，啐酒。肝牢從。祝取肝擩於鹽，振祭，嚌之。」墨筆眉批：「啐。嚌。」

「主人出，立於阼階上，西面。祝出，立於西階上，東面。祝告曰：利成。」墨筆眉批：「利成。」

「司宫設對席，乃四人餕。」墨筆眉批：「餕。」

有司徹第十七

「尸入門左，侑從，亦左。揖，乃讓。」鄭注：「没霤相揖，至階又讓。」墨筆眉批：「没霤。」

「二俎設於羊鼎西，西縮。二俎皆設於二鼎西，亦西縮。」鄭注：「古文縮皆爲蹙。」墨筆眉批：「『縮』讀『蹙』。」

「取籩於房，麷蕡坐設於豆西，當外列，麷在東方。」墨筆眉批：「麷。」

「嚌肺一，載於南俎。」墨筆眉批：「嚌。」

「次賓縮執匕俎以升，若是以授尸。尸卻手授匕枋，坐祭，嚌之。」墨筆眉批：「嚌。」

「尸席末坐，啐酒。」墨筆眉批：「啐。」